康店镇志

郑州市名镇志文化工程

郑州市地方史志编纂委员会　主办
郑州市地方史志办公室　编著

中国水利水电出版社
www.waterpub.com.cn
·北京·

图书在版编目（CIP）数据

康店镇志 / 郑州市地方史志办公室编著. -- 北京 : 中国水利水电出版社, 2019.12
郑州市名镇志文化工程
ISBN 978-7-5170-8188-3

Ⅰ. ①康… Ⅱ. ①郑… Ⅲ. ①乡镇－地方志－巩义 Ⅳ. ①K296.15

中国版本图书馆CIP数据核字(2019)第254044号

审图号：豫S〔2019年〕045号

总 策 划：营幼峰
选题策划：马爱梅　宋建娜　张小思
责任编辑：李慧君

	郑州市名镇志文化工程
书　名	康店镇志
	KANGDIAN ZHEN ZHI
作　者	郑州市地方史志办公室　编著
出版发行	中国水利水电出版社
	(北京市海淀区玉渊潭南路1号D座　100038)
	网址: www.waterpub.com.cn
	E-mail: sales@waterpub.com.cn
	电话: (010) 68367658 (营销中心)
经　售	北京科水图书销售中心 (零售)
	电话: (010) 88383994、63202643、68545874
	全国各地新华书店和相关出版物销售网点
排　版	北京金五环出版服务有限公司
印　刷	北京印匠彩色印刷有限公司
规　格	184mm×260mm　16开本　14.75印张　260千字
版　次	2019年12月第1版　2019年12月第1次印刷
印　数	0001—2200册
定　价	98.00元

康店镇地图

（注：图内行政界线不作为实际划界依据）

康店镇俯瞰之一 邵亚峰 摄

康店镇俯瞰之二　郜亚峰　摄

康店镇俯瞰之三

康百万庄园　郜亚峰　摄

杜甫陵园

郑州市名镇志、名村志、名街志编纂委员会

主　　任　孙晓红

副 主 任　柴　丹　朱　军

委　　员（按姓氏笔画排序）

于　珊　王丹东　任　莉　刘长春　刘军杰　李伟光

杨　洁　杨　洋　张建锋　陈　军　林　海　虎荣鑫

周建超　屈连武　胡光程　康红阳　梁豫生

主　　编　朱　军

副 主 编　王丹东　梁豫生　刘长春

编　　委　丁明伟　王西林　孔令岳　冉　宁　向天燕　刘　琴

刘华东　安伯乐　李　磊　南必成　徐　宁　路培育

编　　辑　李艺博　刘　恒　王　丹　李　靖　高　畅　魏海薇

学术顾问　刘　杰　河南省文学艺术界联合会副主席、河南省美术家协会主席

李运江　河南省美术家协会顾问

封曙光　河南省美术家协会副主席

丁　昆　河南省美术家协会副主席、河南省美术家协会油画艺术委员会主任

魏　剑　河南日报报业集团编委委员、河南日报农村版总编辑

徐建勋　河南日报郑州分社社长

顾　华　河南日报农村版总经理

郑东军　郑州大学建筑学院副院长、教授

阎铁成　郑州中华之源与嵩山文明研究会副会长

张　永　郑州报业集团党委委员、纪委书记

张绍宇　郑州市雕塑壁画院创研员

《康店镇志》编纂委员会

主　　任　路少辉

副 主 任　张炎杰

委　　员　姚军安　吕奇睿　翁　勇　赵　静　曹利杰　李青鹏
秦小明　李焕景　赵亚磊　李　曼　杨玉洁

编　　撰　姚建洪　张松珍　康晓良　杨殿臣　贺志龙　王喜平
张晓杰　雷　震　王　慧　武玲燕　梁芳芳　雷泽洋

绘　　画　徐小龙

摄　　影　王向阳　邵保华　康晓良　郜亚峰

序

2018年以来，我们在中国地方志指导小组办公室、河南省地方史志办公室的热情指导和大力支持下，在郑州市各县（市、区）地方史志工作机构及相关镇、村、街道的共同努力下，开拓创新，克难攻坚，相继完成了11部镇志、1部村志、18部街道志，共计30部基层志书的编纂出版工作。这是我市坚持以习近平新时代中国特色社会主义思想为指引，认真贯彻落实《全国地方志事业发展规划纲要（2015—2020年）》（国办发〔2015〕64号），围绕中心、服务大局，推动地方志事业高质量发展、发挥存史、资政、育人职能作用的一项重要成果。

这30部志书以镇志、村志、街道志为主线，全面、客观地记述了郑州从一座古老的城市发展成为国家中心城市的历史进程，阐释了中华文明、中原文化在郑州这座城市的文明形态起源、嬗变和现代转型。聚焦黄河文化、商都文化、黄帝文化、河洛文化、嵩山文化和二七精神等重要的城市文化名片，我们组织编纂了管城区《东大街街道志》《西大街街道志》《城东路街道志》，二七区《德化街道志》，金水区《杜岭街道志》，巩义市《回郭镇志》《大峪沟镇志》《康店镇志》《河洛镇志》《站街镇志》，新郑市《孟庄镇志》《新建路街道志》，惠济区《古荥镇志》，上街区《峡窝镇志》《方顶村志》，中牟县《雁鸣湖镇志》，新密市《刘寨镇志》，登封市《告成镇志》等一批志书。我们尝试从地方志的角度描述、分析这些文化的历史演进，宏大叙事与微观剖析并重，讲述方志故事，凝聚城市精神，发现并彰显这些深藏在街道社区、乡镇村庄里的城市文化根脉。

我们借鉴人文地理学和社会学的调查研究方法，在中原区委、区政府的支持下，组织编纂了该区《西流湖街道志》《中原西路街道志》《桐柏路街道志》《三官庙街道志》《棉纺路街道志》《绿东村街道志》《林山寨街道志》《汝河路街道志》《航海西路街道志》《须水街道志》《秦岭路街道志》《建设路街道志》12部街道志，对一个行政建置区域的政治、经济、文化、社会、生态建设状况，特别是对自中华人民共和国成立以来各个历史时期的发展做了全方位的较完整记述。这些街道志组成了美丽的“方志拼图”，从中我们可以清晰地看到中原区从一个传统的城郊农业区，在新中国成立初期形成郑州市的市级行政中心、文化中心和现代工业区，改革开放以来经过国企改革的华丽“蝶变”，转型升级为现代化宜居宜业新城区的时空轨迹。

我们在丛书编纂中基本采用了中国地方志指导小组办公室确定的中国名镇志、名村志、名街志编写体例，以质量为生命线，强化精品意识，与各编纂单位和出版单位一起，对每部志书严把政治关、史实关、体例关、文字关、出版关，认真贯彻落实《郑州市地方志工作规定》要求，理顺管理体制和运行机制，分级负责与属地管理相结合，明确了市、县（市、区）、镇（街道）、村等各级在志书编纂中的具体权责，一级抓一级，层层抓落实，形成了踏石留印、抓铁有痕的良好工作格局。

在编纂方式上，我们积极适应“读图时代”的现代读者需求，在锤炼文字表达的同时，特别突出了“图像存史”的作用。我们与河南省美术家协会合作，组织一批在省内乃至全国有影响力的优秀画家，深入基层开展采风创作，用画笔描绘郑州美丽乡村和城市现代街区风貌。我们要求编纂单位注意对优秀美术作品的资料收集，如巩义籍著名画家陈天然、徐小龙等长年扎根农村基层，创作出一批表现浓郁乡土风情的优秀美术作品，经其家人慨允，许多作品收入相关志书，成为熠熠生辉的亮点。中共郑州市委宣传部外宣办，河南日报新闻图片有限公司，郑州日报社及市、县（市、区）摄影家协会等单位和许多优秀、敬业的摄影家，为我们提供、创作了一大批精彩的摄影作品，与志书篇章结构和语言文字同步配合，形成了一个全新的图像叙事体系。这已不是简单的配图、插图、图文并茂，而是把图像证史、存史放在了编纂方式创新的维度上来考量其价值与意义。

为提高志书编纂的学术品质，我们与郑州大学建筑学院合作，开展传统村落与民居保护和城市街区建筑文化专项调查，形成了一批研究成果，并在编纂中予以重点展示。郑州市是中华文明探源工程、夏商周断代工程等考古研究的重点区域，拥有世界文化遗产——登封“天地之中”历史建筑群和诸多国家重点文物保护单位，各类历史文化遗迹俯拾即是。

在文物部门的大力支持下，我们在相关志书编纂中，注意收录考古最新发现及研究成果，以丰富志书编纂的文化内涵。

这里需要特别感谢的是，河南日报农村版、中国水利水电出版社等单位积极、热情地参与到编纂工作中，帮助我们探索了史志工作与专业机构通力合作、优势互补、众手成志的史志编纂新模式。在这部丛书出版之际，谨向支持、参与这项工作的所有部门、单位，领导、专家和基层史志工作者表示真诚的谢意！

以上是我们在郑州市名镇志、名村志、名街志文化工程中的一些尝试，不足之处敬请批评指正，以便在今后工作中认真加以改进。

郑州市地方史志办公室

2019 年 12 月

凡 例

一、指导思想　以马克思列宁主义、毛泽东思想、邓小平理论、“三个代表”重要思想、科学发展观、习近平新时代中国特色社会主义思想为指导，坚持辩证唯物主义和历史唯物主义的立场、观点和方法，存真求实，全面、客观、系统记述中国名镇城镇化进程和改革开放成果，传承和抢救乡土历史文化，激发爱国爱乡情怀，留住乡愁，为探索中国特色新型城镇化建设、服务乡村振兴战略提供历史智慧和现实借鉴。

二、质量要求　参照中国地方志指导小组印发的《地方志书质量规定》执行。在坚持志体的前提下，体裁运用、篇目设置、资料选择等作适当创新。内容以记载镇域范围内的微观资料为主，详市县志之所略。根据不同类型名镇的特点，记述域内自然、政治、经济、文化、社会的历史与现状，重在突出当地“名”与“特”的内涵，从而达到执简驭繁、文约事丰、易于阅读、利于普及的目的。

三、时间断限　为全面反映入志事物发展脉络，各志上限追溯至事物发端，下限一般断至各镇志启动编修年份，个别重大事项可延至搁笔。详今明古，着重反映时代特色和地方特点，重点体现各镇的“名”与“特”。

四、记述范围　记述地域范围以下限年份的行政辖区为主。为体现名镇在更大区域内的意义，可以从更开阔的区域视野记述与该镇相关的内容。

五、总体结构　统一采用纲目体，设类目、分目、条目三个层次。横排门类，纵述史实。所设类目除《中国名镇志丛书基本篇目》要求的必设内容外，个别事项根据本镇实际情况适当作升格或降格处理。

六、体裁形式　综合运用述、记、志、传、图、表、录等各种体裁，以志体为主。体裁运用适当创新，篇目设置不求面面俱到，一般意义上的乡镇级内容可简略记述。

七、语言文体　除引用文字和附录文献资料外，统一使用规范的现代语体文记述，行文力求朴实、严谨、简洁、流畅，具有较强可读性。

八、人物载录　人物类目设人物传略、名人与 ×× 镇、人物表录等分目。人物传略遵循“生不立传”原则，选录对本镇发展有重大影响者，按生年排序。名人与 ×× 镇记述在政治、经济、文化、社会等方面有重大影响的著名人物（政治家、艺术家等）在本镇的活动历史片段。同时，在其他类目中采用以事系人的方式介绍人物。

九、图照表格　志中随文配图，图下设文字说明，图文并茂。表格统一编排序号。

十、数据　各项数据一般采用国家统计部门数据。数据缺乏的，采用主管部门或主办单位正式提供的数据。

十一、计量单位　采用国务院 1984 年 2 月发布的中华人民共和国法定计量单位。历史上使用的计量单位，如斗、石、里、尺、磅、华氏度等，在引文时照录，并以类目为单位首次出现时应加注。

十二、纪年　中华民国成立前的纪年，使用朝代年号纪年，括注公元年份；中华民国成立后的纪年，均使用公元纪年。志中所称“解放前（后）”，以该镇解放日为界；“新中国成立前（后）”，以中华人民共和国成立日 1949 年 10 月 1 日为界；“改革开放前（后）”，以 1978 年 12 月中共十一届三中全会召开为界。“×× 年代”，凡未加世纪者，均指 20 世纪。

十三、称谓　记事概以第三人称记述。人名直书其姓名，必要时冠以职务职称。地名以现行标准地名为准。如使用历史地名，于首次出现时括注现行地名。各个历史时期的党派、团体、组织、机构、职务等均以当时名称为准。对于称谓过长而又频繁使用者，于首次出现时使用全称并同时括注简称，之后使用简称。

十四、数字、标点　遵循国家标准和出版规定，志中数字书写以 GB/T 15835—2011《出版物上数字用法》为准，使用标点符号以 GB/T 15834—2011《标点符号用法》为准。

十五、本凡例对于各镇志编纂中的未尽事宜，在“编纂始末”中予以说明。

目　录

概述

一

康店镇位于河南省巩义市西北部，东经 112°56′，北纬 34°46′。东依伊洛河，北临黄河，中部巍巍邙岭，构成了“两河夹一岭”的天然胜景。域内黑石关为历代兵家必争之地。东与市区隔伊洛河相视；西与偃师、孟津接壤；东北与河洛镇毗邻；北接黄河，与温县、孟州两县相望。镇区内省道 S312 纵贯南北，G30 连霍高速公路横穿东西，陇海铁路穿境而过，区位优势明显，交通便利。全镇面积 109 平方千米，辖 22 个行政村。康店镇曾获得“河南省生态镇”“河南省园林镇”“河南省卫生镇”“河南省特色旅游名镇”“河南省历史文化名镇”“郑州市文明村镇”等称号。

二

康店镇历史悠久。仰韶文化时期已有人类活动，域内现存仰韶文化塌坡遗址、南瓦窑遗址。这里是河洛文化的发源地。

魏晋以前，康店镇康北村一直是巩县县治所在地，是其政治、经济、文化中心。秦置巩县，县城在今康店镇康北村东周故城，汉因之，沿至后魏。

杜甫出生于巩县，年少时曾游学于康店伊洛河畔。813 年，杜甫归葬巩义市康店邙岭，其子宗文、宗武陪葬墓侧，当地群众称“圣人三冢”。墓前有一块立于康熙十九年（1680 年）的碑刻——《巩县杜少陵先生墓碑记》，碑文记载：“少陵先生少时，于康水采文章。”

伊洛河　王向阳　摄

康店镇赵沟黄河渡口　张建军　摄

康百万庄园　张建军　摄

这里有享誉海内外的全国重点文物保护单位、中原古建典范——康百万庄园。这是一座始建于明末清初的堡垒式庄园，拥有中原民居中最有代表性的古建筑群，集“古、大、雅、美”于一体，是展示中国明清堡垒式建筑及珍贵文物遗存的国家AAAA级旅游景区。康百万家族兴盛13代400余年的厚重历史，熔铸了以“忠厚、孝悌、崇德、勤俭、重义”为主要内容的留余文化，是河洛文化、儒家思想的集中展示和体现，彰显了“豫商”文化的博大精深。

三

中华人民共和国成立前，康店镇仅有少量的手工业作坊存在。中华人民共和国成立后，以维修农具为主的“小维修”“小加工”“小制造”，服务于当地农业生产和人民群众生活。1969 年，康店引黄河水上山，农民实现粮食增收。20 世纪 80 年代，康店大力发展林果业，果农收入普遍提高。20 世纪 90 年代，康店经济蓬勃发展，形成了东部以金属制品、机械制造、铸钢铸铁为主，中部以碳素、制鞋行业为主，西部以玛钢为主的工业格局。进入 21 世纪，经济发展进入快车道。开发黄河滩万亩高效农业示范区，邙岭土地开始集约化经营；成立巩义市民营科技创业园，形成以恒星科技为龙头的工业产业集群；规划建设明清古镇，促进康店镇旅游服务业取得新突破。

进入新时代，康店镇坚持“工业强镇、旅游兴镇、环境立镇”的总思路，以工业转型、旅游突破、城镇提升为重点，以建设明清古镇、美丽乡村为目标，打造伊洛河左岸、沿黄河区域和邙岭综合开发经济带，推进一、二、三产融合发展，基础设施不断完善，经济社会发展呈现稳中向好的新局面。2018 年，全镇工农业总产值 1580471 万元，完成税收 14132 万元，完成财政收入 14694 万元。

基础设施不断完善。近年来，在农业方面，康店镇筹措资金 11000 万元先后实施了天河龙湾木本油料作物种植项目、西苑种植专业合作社重大技术推广项目、黄河滩万亩农业综合开发项目、巩义市国家储备林基地建设项目（一期）。在村镇道路建设方面，共投资

6500余万元，新建、改扩建了X001线、张岭—马峪沟道路、黑南山沟道路、康赵路等道路工程，总里程达47.2千米；投资1000万元建设户户通工程里程60千米，实现了全镇两纵两横的骨干道路布局。土地整治效果明显，投资9632.67万元，推进补充耕地储备项目20个，新增耕地5812亩。强力推进城中村改造项目，8栋多层砖混住宅楼建设工程主体已封顶完工。

精神文明创建效果显著。康店镇投资1500万元，在打造“三步一点、五步一景”上下功夫，丰富了群众文化生活。康店镇不断完善文化服务设施，高标准建设村级文化服务中心和文化讲堂，实现了村村数字资源网络共享全覆盖。组织群众开展文化活动，活跃农村文化生活。截至2018年年底，康店镇有文艺志愿者团队62支。每年春节开展悬挂社会

邙岭花海

主义核心价值观灯笼、送春联等活动，搞好文化活动，让百姓过上一个“暖暖新年”；举办广场舞大赛，推进农村文化活动普及；开展庆“七一”文艺晚会和国庆唱红歌比赛，加强爱国主义教育；组织开展体育比赛，普及全民健身活动。

关注民生，社会事业长足发展。近年来，投资3500万元完成镇级实事工程13个，村级实事工程110个。康店镇已有14个村接通燃气、7个村进行了改厕改水。2017年，康店镇创建巩义市首个城乡就业服务平台，实现了“面对面，零距离”的就业服务。在镇区黑北村建成日处理500吨污水处理厂1座，在镇区庄头村建成日处理1500吨污水处理厂1座，在康北村、礼泉村建设日处理能力200吨的一体化污水处理设施，目前已投入使用。对镇敬老院进行升级改造，为特困供养对象提供舒适的居住环境。高标准改造集贸市场，

黄河滩万亩高效示范区　王向阳　摄

加强学校设施建设。卫生院对全镇634名贫困群众实行签约服务并免费体检，开辟了贫困群众就医结算“绿色通道”及专用诊室和病房。

厚重的历史沉淀，丰富的文化遗存，秀美的河洛风光，构成了康店镇得天独厚的发展优势。在习近平新时代中国特色社会主义思想指引下，康店镇将站在新的历史起点上，立足于全域城镇化，瞄准“绿水青山就是金山银山”的奋斗目标，围绕“五位一体”战略布局，突出“四个全面”发展，克难攻坚，开拓创新，为郑州国家中心城市建设做出更大新贡献。

康店群众文化活动 王向阳 摄

基本镇情

LOCAL RECORDS OF KANGDIAN

建置区划

镇名由来

明初，一康姓人家自山西洪洞县迁居此地，开店为业，时称康家店，后演变为地名。

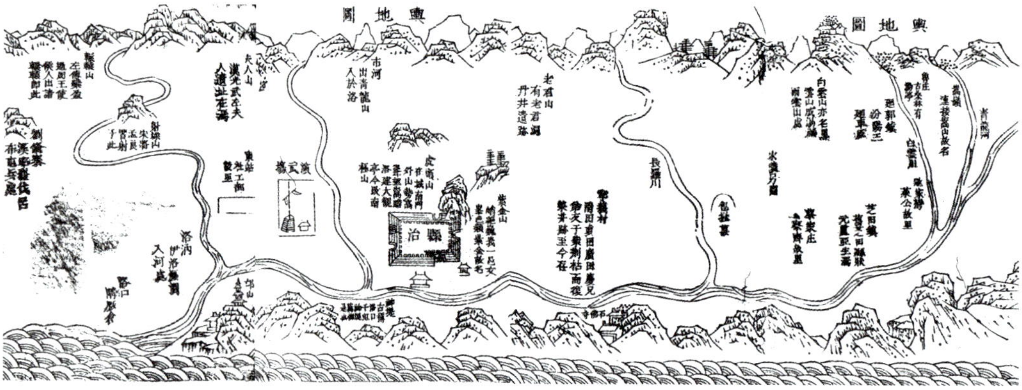

乾隆《巩县志》舆地图

建置沿革

巩县建县始于秦庄襄王元年（公元前 249 年）。周显王二年（公元前 367 年）惠公封少子班于巩，号称“东周惠公”，筑城于今康店一带。秦灭东周，即设县城于东周故城，前后 500 余年。至魏、晋年间（220—398 年），县治一度迁小平城（今康店镇裴峪村）。

明属孝义保。

清乾隆十年（1745 年）《巩县志》，属孝义保。

清乾隆五十四年（1789 年）《巩县志》记：“东周故城在今康店”。至迟此时已有康店地名。

清道光元年（1821 年），改为智里辖。

民国初年，改巡检制为区制，康店区称智里北二区。康店区公所设张岭、辖醴泉等 16 个村。

1931 年，全县划分 6 区。康店为第六区，所辖东自神堤，西至柏坡。

1941 年，巩县县治将乡村辖域重新划分，洛河以西各村划归一个行政区，称洛西乡。乡公所设张岭，辖 18 保，244 甲。东自神堤，西至柏坡。

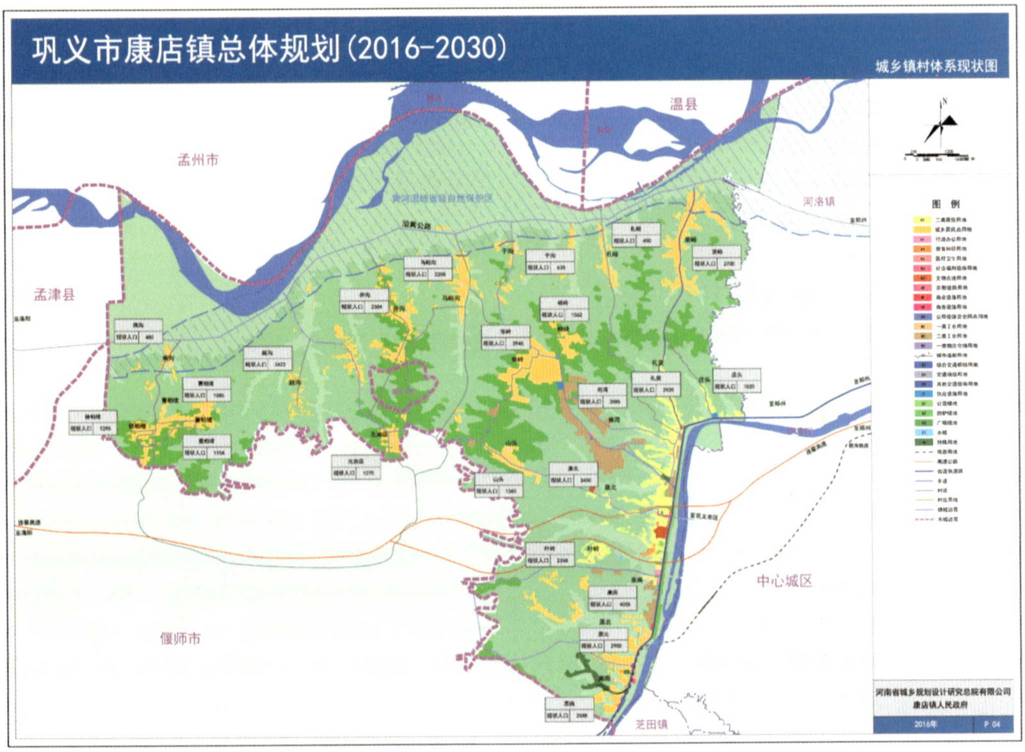

康店镇镇村体系现状图

1948 年 4 月 8 日，巩县人民民主政府在西黑石关成立，巩县第一区政府在西黑石关成立。

1948 年 4 月中旬，第一区政府迁焦湾，称焦湾区。东自神堤，西至柏坡，辖康店、南河渡区域，共 29 个村。

1956 年，撤区并乡。原焦湾区水峪以东划归南河渡乡；张窑划归偃师；偃师石家庄、康店、叶岭、黑石关为黑石关中心乡；井沟、赵沟、柏坡为赵沟中心乡。

1958 年 5 月，各乡重新划分，柏坡、赵沟、井沟、北游殿、马峪沟为赵沟中心乡；张岭、焦湾、礼泉、裴峪、康店、叶岭、黑石关、石家庄为康店中心乡。

1958 年，合并中心乡，建立政社合一的康店人民公社，社址设康店村。

1961 年 5 月，调整为康店区，区辖 4 个小公社。康店、叶岭、黑石关、石家庄为黑石关社；焦湾、礼泉、裴峪及水峪西为焦湾社；张岭、杨岭、于沟、马峪沟、山头为张岭社；赵沟、井沟、柏坡为赵沟社。

1963 年 4 月，撤区并社合大队。再将古桥、五龙、太沟、石板沟、水峪归南河渡公社。

康店人民公社辖黑石关、叶岭、康店、焦湾、礼泉、裴峪、张岭、杨岭、马峪沟、山头、井沟、赵沟、董柏坡、徐柏坡、石家庄 15 个生产大队。

1967 年 9 月，石家庄划归偃师县。

1968 年 3 月，建立康店公社革命委员会，之后所辖 22 个行政村区域不变。

1983 年 12 月，实行党政分管，改为康店乡人民政府，辖 22 个行政村，原大队改为村民委员会、生产队改为村民小组。

1996 年 8 月 28 日，撤乡建镇。实行镇管村体制，辖 22 个行政村。

所辖村庄

全镇下辖 22 个行政村，241 个村民小组。

黑南村 原名黑石关村，位于康店镇政府南 3 千米处，S312、陇海铁路横穿村而过。东临伊洛河，与东黑石关、寇家湾、益家窝隔河相望；西北与偃师市山化镇向阳村为邻；西南与偃师市山化镇石家庄村及寺沟村交界；北与黑北村、康南村、叶岭村接壤。面积 3.91 平方千米，全村 11 个村民小组、692 户、2833 人，主要姓氏为孟、牛姓。2012 年，黑南村创成“河南省卫生村”。

黑北村 原名黑石关村，位于康店镇政府南 2 千米处。总面积 4.3 平方千米，全村有大北沟、小北沟、北滩、水沟 4 个自然村，12 个村民小组、801 户、3493 人，主要姓氏为李、郭、孟姓。

黑北村 邵保华 摄

叶岭村

叶岭村 位于康店镇政府西 1.8 千米处，面积 4.09 平方千米，全村 12 个村民小组、616 户、2664 人，主要姓氏为叶、康姓。叶岭村相继获得“河南省卫生村”“全国文明村镇”“河南省先进基层学习型党组织”“河南省民主法治村”“河南省最美乡村”“河南省社会主义核心价值观建设示范点”等称号。

康南村 位于伊洛河西侧，是康店镇政府所在地，面积 3.92 平方千米。全村有 5 个自然村，13 个村民小组、815 户、3926 人，主要姓氏为康姓。2010 年，康南村创成“河南省卫生村”。2011 年，康南村创成“河南省卫生村”。2014 年，康南村被列入第二批河南省传统村落名录。

康南村　雷宇　摄

康北村　位于伊洛河西侧，距康店镇政府 1 千米，面积 2.13 平方千米。有 4 个自然村，13 个村民小组、894 户、3956 人，主要姓氏为康姓。2010 年，康北村创成"河南省卫生村"。

焦湾村　位于康店镇政府北部 2 千米处，面积约 4.47 平方千米。全村有 19 个村民小组、756 户、3697 人，主要姓氏为焦、谢、谭姓。

礼泉村　位于康店镇政府北 2.5 千米处，面积约 4.53 平方千米。有 13 个村民小组、685 户、3128 人，主要姓氏为刘、曲、张姓。现存清代礼泉民居为巩义市文物保护单位。

康北村　王向阳　摄

焦湾村 王向阳 摄

礼泉村 邵保华 摄

訾峪村 据传，其原名圪针峪，后因訾姓众多，便改名为訾家峪，简称訾峪。位于康店镇政府北 8.2 千米处，面积 1.58 平方千米。有 3 个村民小组、135 户、577 人，主要姓氏为刘、曲姓。

庄头村 位于康店镇政府东北 3 千米处，面积 2.5 平方千米。全村共有 7 个村民小组、452 户、1919 人，主要姓氏为郭、李、刘姓。庄头村曾获“河南省卫生村”“河南省林业生态村”“巩义市孝心示范村”称号。

裴峪村 相传宋时有裴姓住此，以姓为村名，称裴峪。位于康店镇政府北 8.5 千米处，面积 9.66 平方千米。有 15 个村民小组、679 户、2732 人，主要姓氏为王、陈姓。巩县县治因战乱曾迁居于此，称为“小平城”，现存清代魏氏石坊、灵山寺。

杨岭村 位于康店镇政府西北 6.8 千米处，面积约 3.76 平方千米，有 11 个村民小组、415 户、1706 人，主要姓氏为杨、逯姓。2016 年，杨岭村创成“河南省卫生村”。

张岭村 原名马献岭。明永乐初，张氏自山西平阳府来此定居。后族姓日众，遂改村名为张家岭。位于康店镇政府西北 6 千米处，面积 6.92 平方千米。共有 19 个村民小组、1086 户、4465 人，主要姓氏为张、冯、王、周姓。村内曾设有八路军太行军第八分区情报处张岭联络站。

山头村 位于康店镇政府西北部 5 千米处，面积 3.02 平方千米。共有 6 个村民小组、346 户、1358 人，主要姓氏为付、齐姓。

庄头村 刘成武 摄

于沟村　位于康店镇政府西北 10.3 千米处，面积 6.5 平方千米。全村有 5 个村民小组、183 户、712 人，主要姓氏为于姓。

马峪沟村　位于康店镇政府西北 10 千米处，面积 8.94 平方千米。全村有 17 个村民小组、631 户、2551 人，主要姓氏为韩姓。

于沟村

马峪沟村　邵保华　摄

井沟村　马秀凡　摄

井沟村　原名古龙潭沟，有人在此沟口打了一眼水井，为方便吃水，便移居于此，名之井沟。该村位于康店镇政府西北 10 千米处，面积 8.65 平方千米。全村有 14 个村民小组、596 户、2363 人，主要姓氏为秦、李姓。

北游殿村　位于康店镇政府西 7 千米处，面积 1.92 平方千米。全村共有 7 个村民小组、331 户、1287 人，主要姓氏为杨、戚姓。

赵沟村　原名驼峪沟。明永乐年间，赵氏自张窑村迁于此，改村名赵沟。该村位于康店镇政府西北 11 千米处，面积 11.85 平方千米，耕地面积 4100 亩。全村共有 15 个村民小组、796 户、3178 人，主要姓氏为赵姓。赵沟村曾获“河南卫生村”“郑州市生态村”的称号。

董柏坡村　位于柏坡东部，称东柏坡。清咸丰年间，改村名为董柏坡。该村位于康店镇政府西 17.2 千米处，面积 4.78 平方千米。全村共有 11 个村民小组、471 户、1696 人，主要姓氏为董姓。

曹柏坡村　据传，曹氏从山东曹州迁徙至巩县，初居站街贺沟，再迁柏坡中村，后村名改为曹柏坡。该村位于康店镇政府西 16.2 千米处，面积约 3.01 平方千米。全村共有 6 个村民小组、371 户、1352 人，主要姓氏为曹姓。

徐柏坡村　位于康店镇政府西 15 千米处，面积 1.6 平方千米。全村有 8 个村民小组、377 户、1443 人，主要姓氏为徐姓。

赵沟村　马秀凡　摄

董柏坡村　刘成武　摄

徐柏坡村 刘成武 摄

俩沟村 原名李家沟，后曹柏坡部分曹氏族人迁居此地，一沟两姓，改名俩沟。该村位于康店镇政府西 19 千米处，面积 6.07 平方千米。全村有 4 个村民小组、147 户、603 人，主要姓氏为曹姓。

自然环境

地理位置

康店镇位于河南省郑州市巩义市西北部，东经 112°56′，北纬 34°46′，总面积 109 平方千米。

康店镇东与市区隔伊洛河相望；南部、西部分别与洛阳偃师市山化乡、邙岭乡毗邻；西北与孟津县的扣马村接壤；东南隔伊洛河与芝田镇寇家湾村相对；东北毗邻河洛镇水峪村、石板沟村；北接黄河与温县、孟州两县相望。

康店镇水陆交通便利。陇海铁路、G30 连霍高速公路穿境而过。陇海铁路设黑石关站，位于康店镇黑南村。S312 纵贯南北；在建 G207 从康店镇赵沟穿境而过，境内长度 4.534 千米。

北距巩温黄河大桥 11 千米，距巩义火车站 3 千米，距长途汽车站 7 千米，距郑州新郑国际机场 120 千米，距洛阳北郊机场 70 千米。

地　形

康店镇位于黄河、洛河之间的邙山丘陵地区，有“两河夹一岭”的地理特征。总体地势为西高东低，山岭连绵，有小块平地，属邙岭山系。这里沟深岭高，土层深厚，植被茂盛，属于典型的黄土丘陵沟壑区。

气　候

康店镇地处暖温带区，属北温带半干旱大陆性季风气候，全年四季分明。无霜期242天。康店地区的日照比较充分，年平均日照时数为 2388 小时。

康店地区气温、气候比较适宜。年平均气温为 14.6℃。高温天气出现在仲夏（6—8月），低温天气出现在严冬（12 月至次年 2 月）。平均降水日数为 80.4 天，年平均降雨量为 576.5 毫米。1953 年、1982 年，康店地区暴雨，造成严重灾情。

黄河滩　邵宝华　摄

康店镇俯瞰　王向阳　摄

邙岭 郜亚峰 摄

康店之春 周在武 摄

康店之夏

康店之冬　部亚峰　摄

康店之秋 邵保华 摄

河 流

伊洛河 伊洛河，又称清河，流经康店镇境内 7 个村，境内长度 10 千米，河床宽平均 500 米，常年平均流量为 98.6 立方米 / 秒。沿河村为黑南村、黑北村、康南村、康北村、焦湾村、礼泉村、庄头村。

黄 河 黄河在境内流经 11 个村，境内全长 20 千米，河床宽平均 3000 米，常年平均流量 1500 立方米 / 秒，有控导工程 2 处，分别在赵沟村、裴峪村。沿河村为徐柏坡村、俩沟村、曹柏坡村、董柏坡村、赵沟村、井沟村、马峪沟村、于沟村、杨岭村、訾峪村、裴峪村。

土 壤

康店镇地处邙山丘陵沟壑区，土壤为潮土和立黄土，土层深厚，结构疏松，土质黏性好，可以制砖、制瓦。适宜农作物和林果生长，尤宜种植杏、苹果、梨、桃、石榴等。

黄河　王向阳　摄

伊洛河　邵保华　摄

物　产

饲养畜禽　牛、马、猪、羊、兔、鸡、鸭、鹅等。

野生动物　野兔、黄鼠狼、狐狸、刺猬、獾、松鼠、蝙蝠等。

鸟　类　白鹭、雉鸡、蓝尾灰雀、斑鸠、鸽子、啄木鸟、猫头鹰、乌鸦、鹌鹑（俗称催明鸟）等。

鱼　类　鲤鱼、鲫鱼、草鱼、鲢鱼等。

植物总类　乔木、灌木、藤本植物等。

粮食作物　小麦、玉米、红薯、谷子等。

经济作物　银条、花生、大豆、芝麻、油菜、棉花等。

药用植物　邙岭防风、远志、鸡蛋花、地骨皮、茅根、苇根、蒲公英等。

菌类植物　黑木耳、银耳、鸡腿菇、牛粪菇、香菇、平菇等。

树木种类　榆树、椿树、槐树、楝树、泡桐、杨树、柳树、柏树等。

康店镇邙山丘陵沟壑区　郜亚峰　摄

白鹭 邵保华 摄

雉鸡 王向阳 摄

蓝尾灰雀 王向阳 摄

滩地农田

谷子种植

银条　王向阳　摄

人口民族

人口总量

1986 年，康店乡总人口 48775 人，总户数 12840 户。

1990 年，康店乡总人口 52636 人，总户数 12858 户。

2000 年，康店镇总人口 51956 人，总户数 12848 户。

2008 年，康店镇总人口 51240 人，总户数 12844 户。

2014 年，康店镇总人口 51628 人，总户数 12839 户。

2018 年，康店镇总人口 52416 人，总户数 12607 户。

民族构成

康店辖区内主要民族为汉族。2018 年，康店镇总人口 52416 人，其中，汉族人口 52373 人，占总人口的 99.92%，少数民族人口共 43 人，占总人口的 0.08%。分别为：回族、蒙古族、苗族、藏族、彝族、壮族、布依族、朝鲜族、侗族、土家族、景颇族、拉祜族、布朗族、傈僳族等。

姓氏组成

康店镇主要有50个姓氏，其中孟、叶、谢、康、焦、张、李、王、刘、陈、杨、齐、韩、秦、戚、赵、董、曹、徐、付、于等都是千人以上姓氏。

社会发展

科技科普

科　技　康店镇有国家高新技术企业13家，省级企业技术中心2家，郑州市级以上工程技术研究中心4家；拥有实用新型专利300多项、发明专利50项。2015年，巩义市民营科技创业园获得“河南省高新技术特色产业基地”称号。

2008年，河南恒星科技股份有限公司的郑州市金属材料改制工程技术研究中心被认定为郑州市工程技术研究中心。

2011年，河南恒星科技股份有限公司的河南省特种钢丝制品工程技术研究中心被认定为河南省工程技术研究中心。

河南恒星科技股份有限公司　王向阳　摄

2014年，巩义市强宏镁业科技有限责任公司的巩义市精细镁化物工程技术研究中心被认定为巩义市工程技术研究中心。

2016年，河南铂思特金属制品有限公司的郑州市特种线型材料制品工程技术研究中心被认定为郑州市工程技术研究中心。

2017年，巩义市恒铭金属制品有限公司的巩义市油淬火—回火弹簧钢丝工程技术研究中心被认定为巩义市级工程技术研究中心。2018年，被认定为郑州市工程技术研究中心。

2018年，河南恒星液压有限公司的巩义市液压连接件工程技术研究中心被认定为巩义市工程技术研究中心。

科 普 2014年3月，河南农业大学在庄头岭小杂果基地举办果树种植管理培训班。

2015年7月，康店镇举办食品安全知识培训班。

2016年9月，康店镇政府联合巩义市供销社在康店镇于沟村举办新型职业农民粮食作物培训班。

2018年3月，康店镇在庄头岭职业农民培训基地，举办果树病虫害防治培训班。

学校教育

1941年，洛西乡成立中心小学2所；各村保国民学校总数20所，在校生2337人。

中华人民共和国成立后，中小学教育得到普及。

中 学 1958年，赵沟村、黑石关村、礼泉村、马峪沟村、康店村、叶岭村、北游殿村、裴峪村相继成立民办中学。

1961年，民办中学全部停办。

1969年，第五初中改为康店五七高中，各村小学大都增设了初中班，即“戴帽初中”。

1973年，“戴帽初中”联办为七所初中。

1991年，康店乡进行初中布局，成立康店一中（校址康南村）、康店二中（校址张岭村）、康店三中（校址康北村）。

1992年，康店三中迁至原巩县第五高中校址。同年成立康店四中（校址焦湾村）。

1993年，成立康店五中（校址董柏坡村）。

1998年，康店四中合并入康店三中，康店五中改名为康店四中。

2003 年，康店二中和康店四中合并入康店三中。

2007 年，康店三中合并入康店一中。

小　学　中华人民共和国成立初期，全乡有完小 3 所，其中张岭小学为第一完小，礼泉小学为第二完小，黑石关小学为第二十二完小。村级小学建设方面，除叶岭村、訾峪村和俩沟村外，各村均成立村级小学。1962 年，叶岭村成立村级小学。1985 年，訾峪村和俩沟村成立村级小学。

2000 年后，实施合点并校。2002 年，撤于沟村、俩沟村、訾峪村、叶岭村、杨岭村、庄头村等村小学。2003 年，撤裴峪村和山头村小学；撤徐柏坡村、董柏坡村和曹柏村坡等村小学，合并成立柏坡小学。2010 年，撤马峪沟小学。2011 年，撤黑北小学。自此，全镇有小学 7 所，分别是黑南学校（康南学校教学点）、康南学校、康北学校、焦湾学校、礼泉学校、张岭学校、柏坡学校。全镇在校小学生总数在 1800 人左右。

幼儿园　1958 年，康店公社各大队均建有幼儿园，1961 年停办。1973 年，各小学以学前班形式附设在小学，称为"育红班"。"育红班"这种幼儿教育形式延续至 1990 年。1990 年，康北村建立康店第一所民办幼儿园，为康店镇中心幼儿园的前身。2013 年，建成康店镇留余幼儿园。2015 年，建成康店镇实验幼儿园。截至 2018 年年底，辖区有幼儿园 4 所，在园幼儿 1020 人，教职工 116 人。

巩义市康店镇第一初级中学　巩义市康店镇第一初级中学的前身是巩县康店乡重点初中，始建于 1982 年秋。占地面积 30209 平方米，建筑面积 19101 平方米。2018 年，学校 3 个年级设 18 个教学班，教师 114 人，其中高级教师 21 人，在校学生 937 人。康店镇第一初级中学相继获得"河南省教育系统示范性家长学校""郑州市中小学德育建设先进单位""巩义市示范学校""巩义市优秀生源基地"等称号。

巩义市康店镇黑南学校　1985 年建校，位于黑南村小南沟。占地面积 6667 平方米，建筑面积 1565 平方米，现

康店镇第一初级中学普法教育

为康南学校教学点。1986 年，黑南学校被巩县人民政府表彰为建校办学先进集体。1996 年，被评为巩义市文明单位。1998 年，被评为郑州市文明单位。2018 年，学校 6 个年级设 6 个教学班，教师 11 人，在校学生 90 人。

巩义市康店镇康南学校 学校建于 20 世纪 60 年代，位于康店镇康南村。占地面积 18333 平方米，建筑面积 5617 平方米。2018 年，学校 6 个年级设 17 个教学班，教师 56 人，在校学生 762 人。康南学校相继获得“巩义市文明单位”“巩义市标准化小学”“巩义市教育教学先进单位”等称号。

巩义市康店镇康北学校 学校位于康店镇康北村。占地面积 6700 平方米，建筑面积 2300 平方米，有教学楼 2 幢，办公楼 1 幢。2018 年，学校 6 个年级设 6 个教学班，教师 19 人，在校学生 204 人。

巩义市康店镇焦湾学校 位于康店镇焦湾村庙沟口。占地面积 10661 平方米，建筑面积 2202 平方米。2018 年，学校 6 个年级设 6 个教学班，教师 16 人，在校学生 164 人。

巩义市康店镇礼泉学校 位于康店镇礼泉村。占地面积 19728 平方米，建筑面积 5545 平方米。2018 年，学校 6 个年级设 11 个教学班，教师 33 人，在校学生 370 人。学校相继获得“河南省示范家长学校”“河南省一校一品特色艺术学校”“河南省篮球特色一校一品示范学校”等称号。

礼泉学校

张岭学校　雷宇　摄

巩义市康店镇张岭学校　学校位于康店镇张岭村。占地面积 10660 平方米，建筑面积 3560 平方米。2018 年，学校 6 个年级设 6 个教学班，教师 18 人，在校学生 182 人。

巩义市康店镇柏坡学校　学校建于 1992 年，位于康店镇董柏坡村。占地面积 10772 平方米，建筑面积 2378 平方米，校园绿化面积 913 平方米。2018 年，学校 5 个年级设 5 个教学班，教师 12 人，在校学生 43 人。

巩义市康店镇留余幼儿园　该园建于 2013 年，位于康店镇政府西南 300 米。占地面积 13340 平方米，建筑面积 5870 平方米。2018 年，有 12 个教学班，教职工 48 人，在园幼儿 420 人。2018 年 11 月，被评定为郑州市示范性幼儿园。

巩义市康店镇恒星幼儿园　该园位于康店镇焦湾村庙沟口。占地面积 1600 平方米，建筑面积 1215 平方米。2018 年，有 8 个教学班，教职工 24 人，在园幼儿 240 人。2016 年 3 月，被评定为郑州市一级幼儿园。

巩义市康店镇实验幼儿园　该园位于康店镇张岭村。占地面积 6460 平方米，建筑面积 4486 平方米。2018 年，有 12 个教学班，教职工 30 人，在园幼儿 260 人。2018 年，被评定为郑州市一级幼儿园。

康店镇实验幼儿园　雷宇　摄

董柏坡小学　刘成武　摄

留余幼儿园　雷宇　摄

康店镇中心幼儿园 该园位于康店镇康北村，始建于1990年，时称康北幼儿园。占地面积1634平方米，建筑面积1196平方米。1992年，更名为康店镇中心幼儿园。2018年，有5个教学班，教职工14人，在园幼儿100余人。

医疗卫生

中华人民共和国成立初期，辖区有诊所3家，药店3家。1960年后，各村逐渐成立卫生室。20世纪70年代后，随着政府对农村卫生工作的加强，农村医疗卫生条件得到了改善。20世纪90年代，农村医疗设施、医疗人员不断增加，承担村内医疗、预防保健工作，实现了“小病不出村”。2018年，全镇有镇级卫生院1个，村集体卫生室26个，个体诊所4个，构成了三级医疗网络。

1958年，康店卫生院成立，设中西医门诊部、注射室等科室。

1960年，院址迁至现康百万庄园内，面积约350平方米，设内科、外科、妇产科、化验科等科室。

1973年，院址迁至康北11队，建成门诊楼1幢、病房楼1幢，总建筑面积约600平方米，设置病床15张。

1993年，门诊楼、病房楼在原有基础上扩建二层，并增设手术室、计划免疫等科室。

1997年，院址迁至庄园路95号，总建筑面积约1000平方米，设置病床20张。

2009年，新建病房楼1幢，建筑面积1800平方米，设置病床25张。

康店卫生院之一 邵保华 摄

康店卫生院之二 王向阳 摄

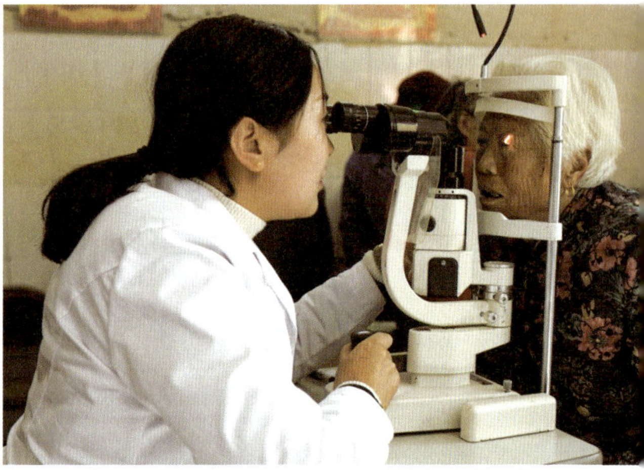

康店卫生院免费为 65 岁以上老人体检 邵保华 摄

2018 年，康店卫生院设置有内科、外科、骨科、中医科、妇科、孕产妇保健科、儿童保健科、手术室、病房、急诊科、公共卫生服务中心、DR 放射诊断室、化验室、彩超室等科室。截至 2018 年年底，有医生 16 人，护士 9 人，其他 20 人；病床 25 张，救护车 1 辆。

群众文化

1958 年，成立康店文化站。

1978 年，新建康店乡文化站，位于康百万庄园北 100 米张沟口。

1996 年开始，巩义市电影公司每年 4—9 月在各村巡回公映电影，每月公映两场，全年总计 264 场。

2006 年，启动村级文化大院建设工作。

2010 年 4 月，康店镇文化站迁至伊洛南路 39 号，建筑面积 780 平方米，室外活动场地 1000 平方米。

2012 年，康店镇 22 个村均建成文化大院和农家书屋。

2017 年，村级文化大院易名村级文化服务中心，设文化讲堂。

2018 年，实现全镇各村数字资源网络共享全覆盖，基层文化服务设施进一步完善。

各村利用文化服务中心、“农家书屋”组织群众开展文化活动，进行党员教育、普法教育、社会主义核心价值观和优秀传统文化、家风教育。各村级业余文艺团队定期组织开展文艺活动，活跃农村文化生活。截至2018年年底，康店镇有文艺团队62支，民间剧团5支。

1997年，康店镇政府举办民俗庙会，各村组织民俗节目在镇区分6个点巡回演出，参演人数超过500人，观看群众上万人。

2014年，康店镇举办舞台艺术河洛大鼓进乡村文艺演出活动。

2015年，康店镇围绕“文明河南·欢乐巩义”主题，组织开展元旦、春节群众文化活动。

2016年3月，康店镇举办首届三八妇女节广场舞大赛。

2016年7月，康店镇举办“红心向党·舞动中原”大型文艺演出。

2016年10月，康店镇举办纪念长征胜利八十周年唱红歌比赛。

2017年3月，康店镇举办第二届三八妇女节广场舞大赛。

2017年8—9月，康店镇举办“喜迎十九大·共创文明城”河洛大舞台演出活动。

2018年2月，康店镇围绕“文明康店·暖暖新年”主题，开展悬挂社会主义核心价值观灯笼、送优秀传统文化春联活动；组织康百万庄园庙会演出14场。

2018年3月，康店镇举办第三届三八妇女节广场舞大赛。

1984年康店春节文艺汇演　康晓良　摄

2003 年康店镇春节文艺汇演

2006年康店镇春节文艺汇演　康晓良　摄

“铜驼杯”舞龙舞狮国际邀请赛在康店举行　王向阳　摄

体育活动

1952 年，各村均建有业余篮球队，球风大盛，康店有“篮球之乡”的美誉。

1972 年，康店公社在礼泉学校附设体训班。

1981 年，康店公社农民男篮代表队参加县篮球赛获第二名。

1984 年，康店乡参加县“农民丰收杯”篮球赛，裴峪代表队获银杯奖。

1985 年，康店乡代表队参加巩县第一届运动会，获得银牌 1 枚、铜牌 14 枚。

1997 年 10 月，康店镇组队参加巩义市第二届运动会。

1998 年 10 月，康店镇组队参加巩义市第三届运动会，康店镇获得乡镇组团体总分第三名。

2015 年 9 月，巩义市山地车挑战赛在康店镇庄头村举办。

2015 年 11 月，康店镇组队参加“河南省万村千乡农民篮球赛”，获得巩义市赛区第四名。

2016 年 2 月，康店镇举办“恒星杯”篮球赛，共有 13 个村和单位代表队参加。

2017 年 4 月，康店镇举办第一届邙岭花海—黄河湿地万人骑行体验活动。

2017 年 11 月，康店镇代表队参加巩义市第四届运动会，获得乡镇总积分第一名。

2018 年 4 月，康店镇举办第二届邙岭花海—黄河湿地万人骑行体验活动。

2018 年 11 月，康店镇组队参加“河南省万村千乡农民篮球赛”，获得巩义市赛区第六名。

老照片——康店象棋赛 康晓良 摄

康店公社农民男篮代表队获得县篮球赛第二名

邙岭花海——黄河湿地万人骑行体验　赵有宏　摄

社会保障

社会救济和优抚　2008 年，在“5·12”抗震救灾活动中，全镇共组织捐款 117 万元。

2012 年，康店镇农村低保户计 667 户 1051 人，五保户 99 人。各种优抚对象 215 人。

2013 年，低保户计 788 户 1826 人，五保户 130 人。各种优抚对象 434 人。

2014 年，低保户计 809 户 1867 人，五保户 140 人。各种优抚对象 406 人。

2015 年，农村低保户计 680 户 1001 人，发放救助金 292.2 万元。城镇低保计 23 户 47 人，发放救助金 14.6 万元。五保户 128 人，发放补助金 58.2 万元。镇敬老院供养五保老人 33 人。各种优抚对象 417 人。

康店镇便民服务大厅　马秀凡　摄

2016年，农村低保户计731户1529人，发放救助金291.1万元。城镇低保计11户20人，发放救助金9.6万元。2016年8月，五保户改称特困供养对象。特困供养对象150人，发放补助金60.4万元。镇敬老院集中供养36人。各种优抚对象464人。

2017年，农村低保户计721户1529人，发放救助金299.2万元。城镇低保计7户13人，发放救助金6.5万元。特困供养对象160人，发放补助金91.6万元。镇敬老院集中供养31人。各种优抚对象470人。

2018年，农村低保户计526户943人，发放救助金291.9万元。城镇低保计5户8人，发放补助金4.9万元。特困供养对象187人，发放救助金132.8万元。镇敬老院集中供养33人。享受两项补贴残疾人总数651人，其中重度残疾308人，困难残疾265人。各种优抚对象476人。

康店镇敬老院　2002年11月，康店镇敬老院建成并投入使用，位于康店镇康南村。

2016年6月，搬迁至康店镇叶岭村，占地面积12.8亩，总建筑面积5000平方米，设置床位63张，供养五保老人36人。

居民养老保险　2007年，焦湾村成立"恒星"福利保障理事会，每年投入资金100万元，每月为全村60岁以上老人发放养老金100元。

2008年8月，康店镇被确定为河南省新型农村社会养老保险试点。

康店镇敬老院 马秀凡 摄

2008—2018 年康店镇城乡居民养老保险参保情况表

年份	参保人数 / 人	待遇领取人数 / 人	参保率	年份	参保人数 / 人	待遇领取人数 / 人	参保率
2008	1855	1707	4%	2014	26072	8468	61%
2009	2878	2553	7%	2015	26568	9146	62%
2010	10894	5879	25%	2016	27013	9776	63%
2011	24772	6680	58%	2017	27260	10444	63%
2012	25369	7245	59%	2018	27926	11056	65%
2013	25768	7814	60%				

城镇居民医保 2003 年，康店镇新型农村合作医疗（以下简称“新农合”）参合人数约 2.5 万人。

2004 年，新农合门诊就医计 3678 人次，补助 1020 人次，发放补助金 20 余万元，住院 35 人次，补助金额 2 万元。

2006 年，新农合门诊就医计 18950 人次，补助 18560 人次，发放补助金 32 万元，住院 48 人次，补助金额 2.9 万元。

2008年，新农合门诊就医计22833人次，发放补助金44.7万元，住院183人次，补助金额15.8万元。

2010年，新农合门诊就医计19447人次，发放补助金47.4万元，住院217人次，补助金额17.1万元。

2012年，新农合门诊就医计38115人次，发放补助金122.6万元，住院100人次，补助金额13.1万元。

2014年，新农合门诊就医计39860人次，发放补助金120.3万元，住院85人次，补助金额9.3万元。

2016年，新农合门诊就医计55761人次，发放补助金201.9万元，住院120人次，补助金额18.9万元。

2017年，新农合和居民医疗保险合并，称城镇居民医疗保险。全年卫生院门诊医保就诊31965人次，发放补助金110万元，住院655人次，补助金额109.3万元。

2018年，卫生院门诊医保就诊24674人次，发放补助金97.1万元，住院850人次，补助金额139.1万元。

康店镇近年新农合（医保）参合情况

年份	费用/元	报销率	参合人数/人	参合率
2013	60	80%	45665	95.3%
2014	60	80%	45703	95.3%
2015	90	80%	45978	95.4%
2016	120	80%	46005	95.4%
2017	150	80%	46241	95.4%
2018	180	80%	46898	95.5%

居民生活

衣、食、住、行是反映居民生活基本状况和水平的重要内容，衣食住行与经济社会发展同步，具有鲜明的时代印迹。

衣 20世纪60年代以前，一般人家衣着多为家织粗布，手工缝制。60年代以后，男子多穿中式布盘扣对襟袄，女子多穿大襟（右偏襟）袄。衣料多为蓝色或灰色粗土布、平面布、斜纹布。70年代，青年流行穿绿军装，束皮革腰带；中老年服装样式依旧，颜色单调，黑、灰、蓝为主流色；唯少年儿童衣服色彩斑斓。穿衣讲究经济、耐穿、实用。穿补丁衣服者多见。80年代以后，家织布逐渐被机织新式面料取代，如毛料、呢绒、化纤、混纺等，花色缤纷，品种繁多，自织自做者不多见，到服装店定做者增多，补丁衣裳日趋减少。女子穿戴新颖，男子也不再是灰黑蓝绿颜色单一的服饰，西服日益被人们接受，成年男女一般都有一两套西装。有牛仔裤、喇叭裤、直筒裤、大衣、风衣、旗袍、连衣裙、套装、套裙、直筒裙、喇叭裙、皮夹克、皮毛大衣、羽绒服、运动服、休闲服等可供选择，种类齐全，新颖合体。1990年后，人们穿衣开始注重美观、大方、时髦。经济条件较好者讲究“女着时尚、男穿品牌”。农民穿衣由“一衣多季”向“一季一衣”“一季多衣”发展。21世纪初，春秋季青年一般穿西装、夹克、牛仔服、休闲服、风衣，穿西装时男子打领带，女子系纱巾。夏季，男子穿短袖衬衫、T恤衫、汗衫等，女子穿裙装、连衣裙。冬季穿保暖内衣、毛衣、羽绒服、太空服、皮夹克、皮大衣。男女着装逐步向高档、优质、新款、多彩、多样、时尚、个性化方向发展。

食 1982年前，以粗粮（玉米面、小米、红薯面、黄豆面等）为主，少见细粮（小麦面粉、大米）。一般农家常年食用自种蔬菜。食用植物油较少，逢年过节买些肥猪肉炼

康店居民生活老照片

油，夏季时可吃到少量西瓜、甜瓜，百姓以白开水、绿豆茶解渴。1982 年以后，细粮增多，农民种养自由，副食品种日渐丰富，除本地时令蔬菜外，可吃到大棚蔬菜，如蒜薹、西芹、黄瓜、西红柿等，大豆、花生、芝麻、油菜等油类作物种植扩大，不再缺植物油。肉食类、牛奶、鸡蛋、鸭蛋、鹅蛋等摆上普通人家的餐桌。1995 年，实施菜篮子工程，百姓餐桌上的副食更加丰富多样。进入 21 世纪，人们开始讲究健康饮食，追求绿色、天然食物，适当吃些玉米、小米、豆子、红薯等杂粮。

住 辖区传统民居多是靠山建土窑、土木结构的瓦房。20 世纪 80 年代，随着农村经济条件的改善，人们把传统民居土木结构的瓦房升级为砖混结构的平房，后来再次升级为庭院式二层楼房。至 90 年代中后期，居住条件注重宽敞、舒适、美观。部分人家建起钢筋混凝土结构多层小楼。进入 21 世纪，随着乡村振兴和城镇化建设的不断深入，居民楼逐渐成为农民新型民居的主要方式。

行 20 世纪 50 年代，以步行为主，也有人骑马、骑驴，个别人骑自行车。60—80 年代，骑自行车渐多。90 年代，骑摩托车者增多，逐步兴起三轮车、老年车。进入 21 世纪，面包车、小轿车逐渐进入普通居民家庭。

礼泉学校志愿服务队

精神文明创建

2010 年，康店镇组织志愿者开展以“今天栽下一棵树，明天长成一片绿”为主题的植树节活动。组织开展“孝老服务进万家”活动，慰问贫困户和残疾老人。

2011 年，康店镇组织开展以“我与自己、我与家庭、我与社会、我与自然”为主题的公民道德教育培训活动。

2012 年，康店镇开展“讲学习求上进”学习日活动。巩义市文化馆深入各村进行开展文体活动现场教学，成立了 40 余支舞蹈队。

2012 年，康店镇 22 个行政村建成文化大院、农家书屋、标准篮球场。

2014 年，康店镇开展“文化、科技、卫生三下乡”“送温暖聚民心”系列活动 200 余场。

2015 年，康店镇开展“节俭养德、全民节约”主题宣传活动。

2016 年，康店镇被评为巩义市文明村镇，全镇有志愿者服务队 26 支，志愿者注册人数达 3 万余人，组织志愿者开展“邻里守望、关爱他人、保护环境、孝善敬老”等特色志愿服务活动 160 场。各村设立“善行义举榜”，开办“道德讲堂”。

叶岭村新时代·文明实践站 雷宇 摄

义务植树活动之一

义务植树活动之二

2017 年，叶岭村被评为全国文明村镇。

2018 年，成立康店镇新时代文明实践所，叶岭村、康南村、康北村成立新时代文明实践站。焦湾村、黑南村被评为巩义市文明村镇。组织开展文明家庭、最美家庭、好媳妇、好公婆、好邻居、好村民、好妯娌等评选表彰活动，开展“结对帮扶”“关爱帮扶金秋助学”“关爱帮扶温暖冬天”“慈善一日捐”等志愿活动。

乡镇建设

功能区布局

康店镇在镇域范围内形成“一带五区”的空间格局。

一带　即 S312 城镇发展带。S312 沿伊洛河从北至南，连接镇区主要片区，沿该发展带发展文化旅游、特色商业、健康养老、居住服务、行政办公等功能，构建串联康店镇各功能片区的发展带。

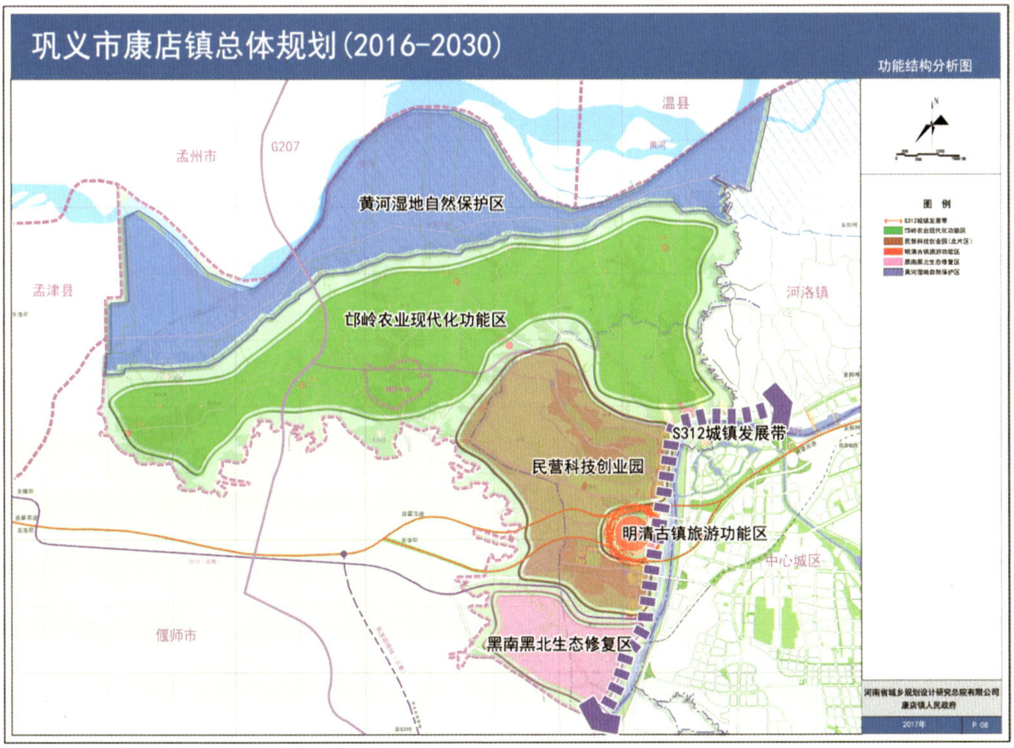

康店镇“一带五区”空间格局图

五区 民营科技创业园区，主要功能是生产服务、特色商业、公共服务、居住服务等，该区域南至叶岭村，西北至张岭村，东至 S312，主要为现有民营科技创业园区和部分旧村建筑，现状产业以金属制品、装备制造为主；明清古镇旅游功能区，主要功能是旅游服务、商务信息等，该区域位于康店镇连霍高速南北段之间，在现有康百万庄园旅游服务的基础上，加大开发力度，完善旅游区内的基础设施建设，营造良好的环境，面向巩义市乃至郑州市的休闲旅游人群，重点发展旅游服务；邙岭农业现代化功能区，主要功能是农业种植、高效农业、小杂果种植等，该区域位于邙岭沿线，依托农业种植基础和高效农业，使区域内村庄，按照美丽乡村模式、环境，提供高效农业和农业观光等服务；黄河湿地自然保护区，主要功能是生态保护、休闲观光、文化旅游等，沿黄河湿地自然保护区形成文化、生态、旅游休闲于一体的新区域，康店镇主要依托邙岭、黄河、康百万庄园、杜甫陵园等历史文化资源，建设文化旅游休闲体验基地；黑南黑北生态修复区，主要功能是生态保护、作为城市发展备用地。

道路桥梁

道 路

S312 康店段 自境内庄头村起，到黑南村进入偃师市，境内全长 8.8 千米。路东邻伊洛河，路西有康百万庄园景区，餐饮服务业发达。1981 年，康店乡扩建 8.8 千米伊洛河

大堤道路，1995 年，再次扩宽改造为 12 米宽，铺设沥青路面。2003 年国家路网规划编制升级定为 S314。经 2005 年、2008 年、2009 年、2014 年 4 次改造，升级为二级公路，康百万庄园以南宽 14 米，康百万庄园以北宽 23 米，双向 6 车道，是镇区主要街道。2015 年，国家路网编号调整改为 S312。

X001 康店段 康店镇裴峪村（康店镇与河洛镇交界处）至康店镇徐柏坡村（巩义市与孟津县交界处）。该道路沿黄河湿地修建，境内 19.81 千米。2015 年，国家路网规划调整编号由 Y001 升级改为 X001。

X010 康店段 康店与孝义界至赵沟沟口 X001 处，境内 12.38 千米，宽 6.5 米，是康店镇主要通道。2005 年，拓宽改造完成。2015 年，国家路网规划调整编号由 Y009 升级改为 X010。

Y090 礼泉村土地庙至裴峪村沟口 X001 处，长 5.68 千米，宽 6.5 米。

Y096 起点为康北与焦湾界 S312 处，终点为于沟村东沟口 X001 处，全长 8.57 千米。2005 年，改建张岭后街至于沟东沟口段。2008 年，拓宽张岭村口至后街段。2017 年，拓宽张岭后街至马峪沟东大坡顶段。

恒星路 焦湾村至张岭村，长 3.8 千米，宽 18 米。2004 年建成，是通往巩义市民营科技创业园北片区的道路。

创业路 康南 S312 至叶岭村，长 1.7 千米，宽 25 米。2015 年建成，是通往巩义市民营科技创业园南片区的道路。

S312 王向阳 摄

X001 康店段　郜亚峰　摄

恒星路　王向阳　摄

创业路　雷宇　摄

桥 梁

陇海铁路黑石关大桥 始建于1906年，桥身采用英国钢梁，全长300米，是当时汴洛路最长的钢梁桥。1909年，被水冲毁。1910年，启动重建，至1913年建成，新桥长317.6米。1941年，抗战期间该桥被拆除。1949年，重建铁桥。1950年4月，加固后建成永久性桥梁。1960年3月，陇海铁路复线工程动工，次年7月竣工，新建桥梁全长283.47米。该桥开通后，上行线走新桥，下行线走老桥。1978年，新桥抛石加固，上、下行线全走新桥，老桥拆除。

G30伊洛河大桥 1993年开工建设G30高速北线，1996年通车。

G30伊洛河特大桥 2013年，建成G30高速南线。

X010康店桥 1978年，建成通车，全长424米，桥高8.25米，桥面宽9米，桥台采用混凝土和石块混合结构，桥墩采用混凝土灌注桩。

人民路大桥 位于康店镇创业路口，是巩义主城区和G310与S312连接主要通道，长571.77米。2016年，动工建设；至2018年，桥梁主体架设进展顺利。

G207孟州至偃师黄河大桥 G207自北向南跨黄河从康店镇赵沟村穿境而过，境内路线长4.534千米，其中黄河主桥长3千米。该桥是河南省“十三五”期间启动的8座黄河大桥项目之一。2018年动工建设。

陇海铁路黑石关大桥 邵保华 摄

G30 伊洛河特大桥　郜亚峰　摄

X010 康店桥　邵保华　摄

公共交通

20 世纪 80—90 年代，康店至城区的主要交通工具是机动三轮车。2003 年，实现村村通城乡公交。

城乡公交线路 4 条：巩义市区菜市场—康店—叶岭—柏坡；巩义市区菜市场—康店—黑石关—偃师山化；巩义市区菜市场—康店—工业园区—张岭—赵沟；巩义市区菜市场—康店—礼泉—訾峪—于沟—马峪沟。

巩义市区公交线路 1 条：巩义市公交公司 11 路车通往康店，2012 年后 8 路公交代替 11 路通往康店，开始运营。

水利建设

1965 年，各临河村建设小型水电站，结合畜力水车灌溉，增加水浇地面积。

1969 年 12 月，康店公社投资 170 万元，建成赵沟电灌站，属大型电灌站，净扬程 170 米。主要建筑物 38 座。主要机电设备：电动机 23 台，总动力 4580 千瓦；变压器 16 台，5290

千瓦。从赵沟口引黄河水，通过5级提灌。挖干渠6条，长13.908千米；支渠3条，长3.25千米。灌溉面积8820亩。

1977年1月，柏坡投资28.5万元，建成中型电灌站，净扬程172米，渠长5650米。主要建筑物10座。主要机电设备：电动机10台，总动力453千瓦；变压器3台，600千瓦。灌溉面积1112亩。

1999年10月，康店镇开始建设万泉供水工程，利用黄河边百井汇流，引水上山，岭上土地采用节水灌溉技术进行灌溉。覆盖訾峪村、礼泉村、庄头村岭地，灌溉面积3000亩。

供 水

1949年前，临河居民靠水井和辘轳等设施用水，岭上居民靠水窖收集雨水供人畜饮用。

1965年，康店镇建成第一座机井。

1990年，黑南村、黑北村铺设自来水管网，水源靠机井和蓄水池等设施。

节水灌溉 王向阳 摄

1999 年 10 月，开始建设巩义市康店万泉供水厂，在訾峪村建成 2 座 1000 立方米蓄水池和提灌站。2001 年，供水管道铺设至訾峪村、礼泉村、庄头村，并延伸到巩义市一电厂。2002 年，建成 2 座 500 立方米蓄水池和 2 座提灌站，供水管网铺设至庄头岭。2003 年，管道铺设至礼泉村皇姑岭、黄楝树岭。2004 年，管道铺设至巩义市民营科技创业园为企业供水。

2006 年，巩义市康店万泉供水厂继续扩建，管道铺设至黑北村、康南村、康北村、杨岭村，水质达标率 100%。

2011 年，完成了叶岭、马峪沟、赵沟等村 4500 人安全饮水工程。

截至 2018 年年底，康店镇有机井 178 眼，其中饮用水井 44 眼，黄河滩灌溉井 134 眼。

供 电

1966 年，康店公社从偃师牛庄变电站引进电源，架设高压线路 33 千米，10 千伏线路延伸至公社各大队。

1975 年，康店公社在张岭村启动 35 千伏变电站建设。

1977 年底，完成 35 千伏变电站通村架线任务。

1979 年，35 千伏变电站建成，当年移交巩县供电局管理，开始供电。

2004 年，康店电管所自康北村搬迁到工业园区。

截至 2018 年年底，辖区内有 110 千伏变电站 1 座、10 千伏开闭所 1 座，主变容量 9 万千瓦。10 千伏配电线路 22 条 121 千米，0.4 千伏线路 263 条 130 千米。配电变压器 379 台，总容量 157540 千瓦，其中综合公用变压器 195 台，53310 千瓦；10 千伏专用变压器 189 台，125900 千瓦；机井专业变压器 52 台，低压用户 15908 户。

供 气

2015 年，康店镇引入洛阳新奥燃气，开启“气化康店”建设工程。

2016 年，在康店镇注册成立巩义新奥燃气有限公司。

2017 年 3 月，巩义新奥燃气有限公司张岭综合调压站开工建设。同年 11 月，建成并投入使用。

国网园区 110 千伏变电站 邵保华 摄

2018 年 10 月，新奥燃气与通豫燃气高压输气管线在康店镇徐柏坡村成功对接，并在徐柏坡村建设高压调压门站 1 座。铺设高压管线 12.6 千米，输气能力 30 万立方米 / 天。

截至 2018 年年底，铺设中压管网 28 千米，低压管网 40 千米，燃气管线已覆盖 14 个村庄。

排 水

康店镇黑北污水处理厂，2013 年建成，占地面积约 1333 平方米，日平均处理能力为 500 吨，铺设污水管网 4.7 千米，处理黑南、黑北、叶岭、康南部分区域生活污水。

康店镇庄头污水处理厂，2016 年建成，占地面积约 2000 平方米，日平均处理能力为 1500 吨，铺设污水管网 3 千米，处理庄头村、焦湾村、礼泉村区域生活污水。

康店镇坡沟一体化污水处理设施，2018 年建成，占地面积约 333 平方米，日平均处理能力为 200 吨，处理康百万庄园、康南村龙窝沟、张沟、康北村市场街及康北村区域生活污水。

康店镇礼泉口一体化污水处理设施，2018 年建成，占地面积约 266 平方米，日平均处理能力为 200 吨，处理礼泉沟区域生活污水。

康店天然气供气站

绿　化

1996 年，康庄大道建成，沿路绿化种植柳树。

2003 年，康店镇巩义市民营科技创业园建成后，在恒星大道两侧建绿化带，主要种植黄杨、月季。

2005 年，在 S314 康店段东侧建绿化带，主要有草坪、大叶女贞、月季等。

2007 年，完成造林 1000 亩，林业育苗 200 亩。

2007 年，在各主要村道种植补栽黄杨 2 万棵、柳树 1000 棵、桧柏 1000 棵。

2008 年，恒星大道路旁种植杨柳树 1200 株。

2008 年，完成生态林种植 4600 亩，林业育苗 500 亩，廊道工程全面完成。

2008 年，开始建设伊洛河左岸景观带，康店镇总占地 300 亩。

2009 年，完成生态林建设 4000 亩，林业育苗 500 亩。

2010 年，在庄头和赵沟等村进行了生态村试点建设，全年共完成造林面积 2000 亩，林业育苗 260 亩。

2011 年，在康店镇康百万庄园至康店镇政府路东侧种植黄杨球。

2011 年，在庄头、杨岭各建游园 1 座，种植绿化树种 3000 余株，植草皮 6200 平方米。

康店镇荒山绿化

伊洛河景观带 邵保华 摄

赵沟生态村试点建设 郜亚峰 摄

2011 年，完成造林面积 1000 亩，中幼林抚育 2700 亩，林业育苗 260 亩。

2012 年，完成生态造林 800 亩，中幼林抚育 1500 亩。

2012 年，镇区新增绿化面积 3000 平方米。

2013 年，完成 5.4 千米连霍高速生态廊道建设。

2013 年，完成生态造林 1300 亩，中幼林抚育 2000 亩。

2014 年，全年生态造林 1300 亩，中幼林抚育 1300 亩，育苗 300 亩。

2014 年，完成 S314 生态廊道 3.3 千米绿化建设。

2015 年，在礼泉村设植树造林基地，全年完成植树造林 1100 亩，中幼林抚育 1300 亩。

2017 年，对 X001 线进行绿化，主要树种为刺柏、大叶女贞。

2018 年，辖区有法治公园 2000 平方米，质量公园 2.33 万平方米，叶岭公园 1.33 万平方米，村级小游园 15 个。

2018 年 9 月，巩义市国家储备林基地建设项目（一期）在康店镇马峪沟村签约落地。巩义市国家储备林基地建设项目又称“青山工程”，一期共流转土地 6448.58 亩，种植杜仲、栾树、元宝枫、椿树、银杏、国槐等。

环境卫生

1998 年，康店镇政府开始对 S314、市场街环境卫生进行集中管理，村庄由各村进行管理，各村垃圾运至垃圾场进行填埋处理。

2000 年，各村对本村主干道、村民居住区进行清扫保洁，镇政府每月给予补助。

2004 年，康店镇建成下沉式垃圾中转点 32 个，设置移动垃圾中转箱 41 个，统一由摆臂车转运至垃圾场进行填埋处理。

2009 年，建垃圾中转站 1 个，购置电动垃圾收集车 2 辆，垃圾压缩车 1 辆，垃圾清运车 1 辆。

2010 年，康南村、康北村创成“河南省卫生村”。

2011 年，康南村、庄头村、叶岭村创成“河南省卫生村”。

2012 年，黑南村创成“河南省卫生村”。

2016 年，康店镇创成“河南省卫生镇”。杨岭村创成“河南省卫生村”。

2016 年 7 月，康店镇按照 3‰比例为各村配备环卫工人，由镇政府统一发放生活补助，为各村配备勾臂垃圾箱 134 个，配套勾臂垃圾清运车 20 台。

2016 年 9 月，购置湿扫车 1 辆，康店镇实行环卫精细化管理。

2017 年，赵沟村创成“河南省卫生村”。

2017 年 10 月，康店镇和 22 个行政村的环卫工作委托郑州市奥蓝得公司管理，S312 环卫管理由康店镇负责。

2018 年，全镇共有环卫工人 162 名，设施有垃圾桶 987 个，勾臂垃圾箱 163 个，勾臂垃圾运输车 6 辆，8 吨垃圾压缩运输车 1 辆，8 吨挂桶车 1 辆，3 吨挂桶车 1 辆。

公　厕　2009 年，建成 S314 礼泉公厕 1 座。2017 年，改造升级为国家 A 级旅游厕所。

2009 年，建成康百万码头公厕 1 座。2018 年，改造升级为国家 A 级旅游厕所。

2011 年，建成康店桥留余文化广场公厕 1 座。2018 年，改造升级为国家 A 级旅游厕所。

2013 年，建成康叶路口公厕 1 座。2017 年，改造升级为国家 A 级旅游厕所。

2018 年年底，康店镇辖区共有旅游厕所 6 座。其中国家 A 级旅游厕所 4 座，国家 AAA 级旅游厕所 2 座。

党建政事

中国共产党巩义市康店镇委员会

1938 年 8—10 月，焦湾、康店支部相继成立，分别由焦克复、焦瑞甫任书记。

1939 年 8 月，成立中共康店区委。徐宝森兼任书记，辖康店、焦湾、遗爱中学 3 个支部。

1948 年 5 月，中共巩县委员会成立，后在一区（焦湾）成立中共区委。

1956 年 12 月，撤区并乡，把康店地区分为 3 个中心乡，各设党委会。

1959 年 6 月，中共康店公社第一次代表大会召开，参加代表 242 人。

1970 年 12 月，中共康店公社第二次代表大会召开，参加代表共 119 名。

1981 年 12 月，中共康店公社第三次代表大会召开。

1998 年 3 月，中共康店镇第一次代表大会召开。

2001 年 4 月，中共康店镇第二次代表大会召开。

2006 年 5 月，中共康店镇第三次代表大会召开。

2011 年 4 月，中共康店镇第四次代表大会召开。

2016 年 5 月，中共康店镇第五次代表大会召开。

2018 年 4 月，全镇 22 个行政村完成村两委和监委会换届。

2018 年，康店成立非公企业党建指导站，优化整合非公企业党支部 18 个。

康店镇人民政府

1948 年 4 月，成立焦湾区，下辖康店乡。

1953 年 4 月，焦湾区政府由焦湾村迁入康店村，改称康店区。

1956 年 2 月，撤区并乡，设赵沟乡、黑石关乡、焦湾乡。

1958 年 5 月，合并赵沟乡、黑石关乡、焦湾乡为赵沟中心乡和康店中心乡。

1958 年 8 月，设康店公社。

1961 年 5 月，改康店公社为康店区，区以下设 4 个小公社。

1962 年 9 月，改康店区为人民公社。

1983 年 12 月，康店公社改为康店乡。

1996 年，撤康店乡成立康店镇，设立康店镇人民政府。

2010 年，康店镇政府搬迁至伊洛南路 39 号。

康店镇人民代表大会

1981 年 5 月，康店公社第五届人民代表大会召开。会议期间，选举公社管理委员会委员 13 人。

康店镇便民服务中心 马秀凡 摄

1984 年 5 月，康店乡第六届人民代表大会召开，参加代表 178 人。大会选举乡长、副乡长。

1987 年 4 月，康店乡第七届人民代表大会召开，参加代表 62 人。大会选举乡长、副乡长。

1999 年 3 月，康店镇第一届人民代表大会召开。

2002 年 4 月，康店镇第二届人民代表大会召开。

2007 年 1 月，康店镇第三届人民代表大会召开。

2012 年 4 月，康店镇第四届人民代表大会召开。

2017 年 3 月，康店镇第五届人民代表大会召开。

群团组织

工　会　中华人民共和国成立初期，康店相继成立了教育工会、卫生院工会、供销社工会、粮管所工会等 8 个工会，会员占职工总数的 90% 以上。

2011 年，工会组织覆盖面进一步扩大，推进工会制度化、标准化和规范化建设。

2018 年，康店镇工会辖村级工会 22 个、企业工会 65 个，职工之家 16 个，会员 5500 多名。

共青团　共青团康店镇委员会现下辖 25 个团支部（22 个村团支部、2 个非公团支部、1 个临时学術团支部），共有团员 563 名。

1973 年 4 月，康店公社共青团第三次代表大会召开，参加代表 299 人。

1979 年 4 月，康店公社共青团第四次代表大会召开，参加代表 170 人。

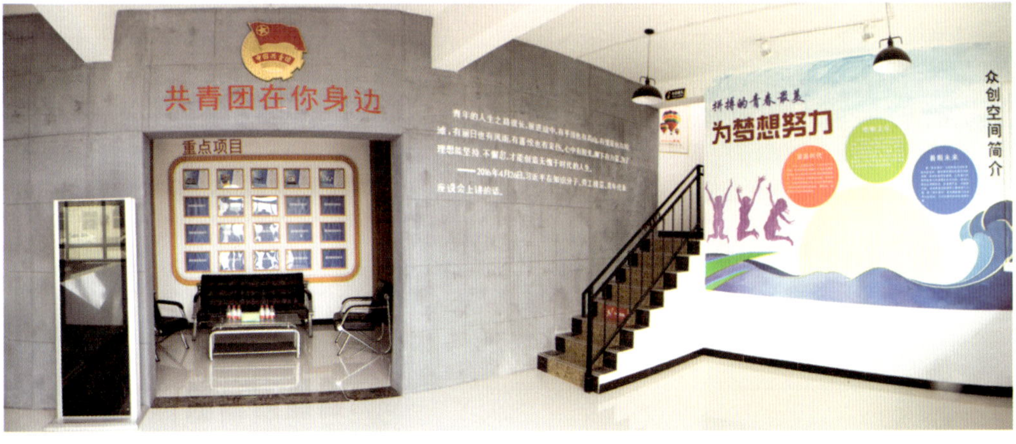

康店镇众创空间　雷宇　摄

1982年，康店公社共青团第五次代表大会召开。

1985年5月，康店乡共青团第六次代表大会召开，参加代表137人。

康店镇妇女联合会 康店镇妇女联合会负责联络全镇妇女，在全镇经济发展、社会事业中充分发挥“半边天”作用，助推了各项工作。

1973年5月，康店公社第五次妇女代表大会召开。

1979年10月，康店公社第六次妇女代表大会召开。

1984年5月，康店乡第七次妇女代表大会召开。

2017年5月，康店镇第一届妇女代表大会召开。

康店镇历年获得荣誉统计表

获奖单位	荣誉称号	授奖单位	日期
康店镇	河南省历史文化名镇	河南省人民政府	2008年
康店镇	河南省生态镇	河南省人民政府	2009年
康店镇	郑州市农田水利建设先进乡镇	郑州市水利局	2009年
康店镇	郑州市“中州杯”先进乡镇	郑州市人民政府	2009年
康店镇	巩义市奋进杯银杯和招商引资金杯	巩义市委市政府	2010年
康店镇	巩义市“奋进杯”金杯	巩义市委市政府	2011年
康店镇	巩义市“奋进杯”金杯	巩义市委市政府	2013年
康店镇	河南省园林镇	河南省人民政府	2014年
康店镇叶岭村	河南省最美乡村	河南省人民政府	2016年
康店镇卫生院	群众满意的乡镇卫生院	国家卫生和计划生育委员会	2015年
康店镇民营科技创业园	河南省中小企业产业集群	河南省工信厅	2015年
康店镇民营科技创业园	河南省高新技术产业基地	河南省科技厅	2015年
康店镇	巩义市“奋进杯”金杯	巩义市委市政府	2018年
康店镇	河南省卫生镇	河南省人民政府	2016年
康店镇叶岭村	河南省先进基层学习型党组织	河南省委宣传部	2016年
康店镇叶岭村	河南省社会主义核心价值观建设示范点	河南省人民政府	2016年
康店镇叶岭村文化讲堂	2017年度全国终身学习品牌项目	中华人民共和国教育部、中国成人教育协会	2017年
康店镇叶岭村	全国文明村镇	中央精神文明建设指导委员会	2017年

镇域经济

发展历程

康店镇是传统的农业大镇。中华人民共和国成立前，仅有少量的手工业作坊。中华人民共和国成立后，主要有以维修农具为主的“小维修”“小加工”“小制造”，服务于当地农业生产和人民群众生活。1969年起，康店引黄河水上山，农民实现粮食增收。1987年，康店大力发展林果业，果农收入普遍提高。20世纪90年代，康店经济蓬勃发展，形成了东部以金属制品、机械制造、铸钢铸铁为主，中部以碳素、制鞋行业为主，西部以玛钢为主的工业发展布局。

进入21世纪，经济发展进入快车道。黄河滩2万亩高效农业示范区开发，邙岭土地集约经营，培育出一批农业专业合作社。2003年，巩义市民营科技创业园成立，截至2018年年底，共入驻企业73家，形成以恒星科技为龙头的工业产业集群。康百万庄园创成国家AAAA级旅游景区。2018年，全镇工农业总产值1580471万元，完成税收14132万元，完成财政收入14694万元。

工　业

康店镇工业发展从20世纪60年代起步，从无到有，从小到大，经过半个多世纪的发展，康店镇已成为巩义市工业经济发展的重要强镇之一。

1968年，康店公社在黑石关车站建设机砖厂。1972年，搬迁到康店上滩，建21门轮窑，年产机砖600万块。

1969年，康店公社在康店大队张沟重建农机修配厂。由人工锻打发展到使用空气锤，主要维修农机具、生产加工小件农具和小水泵、密封壳等。

1973年，在黑石关车站建成康店公社铸管厂。同年，搬迁至康店上滩，主要生产铸铁管和井壁管。

1974年，建成康店公社机械厂。1985年，更名为巩县机械厂，主要生产砖机、搅拌机等。

1978年，康店制砖厂发展到26家。

1981年，康店伊洛内衣厂建成。

1984年，康店工业总产值达到2416万元。

1995 年，巩义市恒星金属制品有限公司成立，主要生产镀锌钢丝、钢绞线。1997 年，产值突破 1 亿元。

2002 年，巩义市恒星金属制品有限公司生产的镀锌钢丝钢绞线产品出口孟加拉国，产品与国际市场接轨。

2003 年，巩义市在康店镇设立巩义市民营科技创业园，并成立管委会。

2007 年，河南恒星科技股份有限公司在深圳证券交易所上市，成为河南省首家在中小企业板块上市的民营企业。

2013 年，巩义市民营科技创业园与康店镇人民政府实行班子套合管理。

2015 年，巩义市强宏镁业有限公司在“新三板”挂牌。

2016 年，巩义市恒星钢缆有限公司在“新三板”挂牌。

2018 年，巩义市民营科技创业园规模以上工业企业总数 34 家，规模工业增加值同比增长 16.8%。

巩义市民营科技创业园

巩义市民营科技创业园成立于 2003 年 10 月，2012 年 11 月被郑州市人民政府确定为郑州市专业园区。园区总规划面积 8.57 平方千米，截至 2018 年年底，已建成 3 平方千米，累计完成投资 2 亿元，建成园区主次道路以及供水、供气、供电、绿化、亮化等基础设施配套工程。截至 2018 年年底，园区已入驻企业 73 家，其中规模以上企业 34 家；主板上市企业 1 家、“新三板”挂牌企业 2 家；高新技术企业 13 家；国家绿色工厂 1 家；河南省绿色环保引领企业 1 家；省级企业技术中心 2 家；郑州市级以上工程技术研究中心 4 家。2015 年，被省工信厅确定为河南省中小企业特色产业集群，被省科技厅确定为河南省高新技术特色产业基地。

河南恒星科技股份有限公司

河南恒星科技股份有限公司创建于 1995 年，是国家火炬计划重点高新技术企业，国内 A 股上市公司，下辖恒星金属制品、恒星钢缆等 8 个全资子公司。2018 年，公司总资产 55 亿元，实现销售收入 30 亿元。公司相继被评为“河南省民营企业 100 强”“河南省百高企业”“中国民营企业500强”。“恒星”牌系列产品获得“国家免检产品”“河南省名牌产品”等称号。

恒星科技是钢帘线、钢绞线、胶管钢丝、金刚线、多晶硅片的专业制造商，产品广泛应用于汽车轮胎、橡胶软管、电力电缆、架空电力线、高速铁路、港口、光伏太阳能用硅

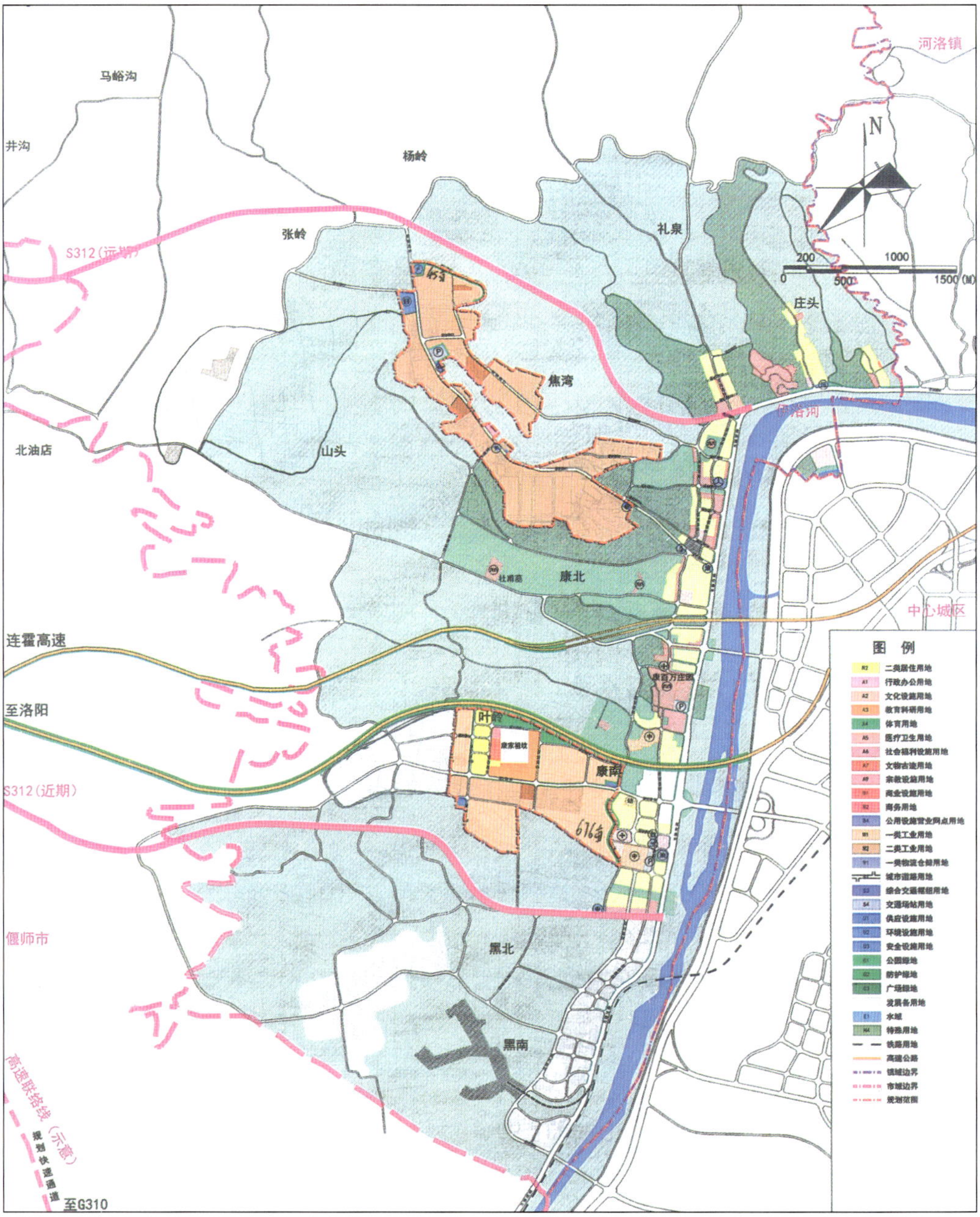

巩义市民营科技创业园用地规划图

恒星科技生产车间之一　王向阳　摄

晶片切割等行业。拥有4个实体制造基地，11条工艺先进的钢帘线生产线，20条镀锌钢丝、钢绞线生产线，6条PC钢绞线生产线，可生产6大类40多个规格品种的产品，年产特种钢丝制品45万吨，是国内金属制品行业细分龙头企业。公司钢绞线产品经上海电缆研究所、中国水电物资总公司实地检测，被指定为三峡电力外送、西电东输及特大型工程专用产品，并参与制定了《架空绞线用镀锌钢线》（GB/T 3428—2002）、《橡胶软管增强用钢丝》（GB/T 1182—2017）国家标准。

恒星科技生产车间之二　王向阳　摄

恒星科技生产车间之三　王向阳　摄

河南林鑫新能源科技有限公司

河南林鑫新能源科技有限公司成立于2015年10月，总投资3.5亿元，占地面积5.15万平方米，建筑面积2万平方米。公司主要生产高科技、新能源型的无污染晶体硅太阳能电池片。

公司属国家高新技术企业，国家级科技型中小企业，河南省质量体系建设A类工业企业，质量管理体系、环境管理体系、职业健康安全管理体系认证企业，安全生产标准化三级认证企业，拥有专利25项。公司为巩义市太阳能电池片工程技术研究中心、郑州市企业技术中心。

林鑫科技生产车间　马秀凡　摄

河南强宏镁业科技股份有限公司

河南强宏镁业科技股份有限公司创建于2007年，是一家主要以无机盐粉碎生产加工和高分子聚合新型材料为主的科技型企业，拥有专利12项，主导产品为高纯及特种 $Mg(OH)_2$、MgO、$MgCO_3$，高分子聚合工程塑料，导热改性工程塑料，低烟无卤电缆材

强宏镁业生产车间之一　雷宇　摄

强宏镁业生产车间之二　雷宇　摄

金宇耐磨生产车间之一 邵保华 摄

金宇耐磨生产车间之二 邵保华 摄

农 业

康店镇共有耕地6.2万亩。主要种植小麦、玉米、棉花、谷子、花生、油菜、西瓜、银条、芦笋、药材等，林果业有杏、梨、桃、苹果、核桃等，养殖业有猪、羊、牛、驴、鸡、鸭、鹅、鱼等。

种植业

1969年，康店修建赵沟电灌站。20世纪70年代，伊洛河沿岸的黑石关村修建提灌站，邙山岭数万亩土地得到有效灌溉，改变了十年九旱的面貌。

1983年，引入烟青、秦冠等苹果品种，亩收入1500元左右。

1984年，中国农科院郑州果树研究所从美国引进一批苹果新品种，在康北村、叶岭村实验种植。

1984年，郑州市农林牧业局和康店乡合作“万亩旱地夏谷开发研究”，种植谷子面积10607亩，平均单产253.6公斤，其中20亩单产达372.8公斤，成为巩县大面积高产典型。

1986年，康店引入百日红等花生品种，亩产250公斤左右。

1989年，引入富士系列苹果，亩收入2500元左右。

1995年，巩义市种子公司依托原种场、示范场和康店乡种子站开展良种繁育，面积最多时超万亩。

1995年，引进登海系列玉米品种，黄河滩种植亩产400~600公斤。

1995年，在黄河滩大面积种植花生，亩产200~400公斤。

1995年，引入早熟美八苹果品种，亩收入2000~5000元。

1996年，引进小麦新品种，黄河滩小麦亩产400~600公斤。

农业生产老照片之一

农业生产老照片之二 康晓良 摄

1999年10月，康店镇开始建设万泉供水工程，2002年通过四级提灌把黄河水引上邙岭，解决了果园灌溉问题，形成了庄头、礼泉、杨岭、焦湾、康北、山头等村2万亩小杂果基地。

2001年，康店镇引种中药材“远志”。

2002年，康店镇引种中药材“地黄”。

2003年，引入凯特、金太阳杏，亩收入4000~10000元。

2003年，建成康店镇无公害农产品生产基地，包括裴峪村、马峪沟村、杨岭村、井沟村、訾峪村，面积1.4万亩，主要产品是芦笋。

2006年，康店镇有农产品深加工及龙头企业6家，产值880万元；农产品无公害面积2万亩，黄河滩无公害农产品基地和邙岭小杂果基地年产值260万元，年农作物产量1200万公斤，水果产量1000万公斤。

2007年，康店镇有农产品深加工及龙头企业9家；农产品无公害面积2万亩，黄河滩无公害农产品基地和邙岭小杂果基地年产值280万元。

2008年，新增机耕面积3000亩，发展节水灌溉面积3000亩，改善灌溉面积5000亩。新种核桃、梨、杏等小杂果1500亩，庄头千亩杏园亩产达2500公斤。

2008年，通过“公司+农户”和土地流转等模式，建设高效农业示范区2万亩、林果业基地2万亩。

2008年，康店镇在庄头岭举办首届鲜杏采摘节。

2008年，康店镇引进推广各类果树良种80多个，培训农民达1万余人次，农民专业合作组织达到10家。

2009 年，发展食用菌种植户 2 户，鸡腿菇培育面积 3800 余平方米，年销售额 120 万元。

2010 年，百万牌鲜杏销售达 50 万公斤，林果业亩收入最高达 1.3 万元。

2010 年，康店镇引入银条种植，亩产 2000~3000 公斤，年收入 0.5 万 ~1 万元左右。

2013 年，实施 5000 亩郑州市优质水果产业集聚区建设。

2015 年，引进育种小麦，亩产 450~600 公斤，统一收购价每公斤比商品麦高 0.20 元。

2015 年，玉米用于青贮饲料，亩收入 800~1000 元。

2016 年，康店镇深耕作业面积 5000 亩。

2018 年 8 月，康店镇开始进行农村集体产权制度改革。12 月，康店镇 22 个村集体经济合作社全部挂牌成立。

现代农业 王向阳 摄

邙岭小杂果基地之一 王向阳 摄

2018年，康店镇有农业企业、农业合作社、家庭农场等新型农业经营主体65家。小麦种植面积2万亩，总产700万公斤；玉米种植面积12780亩，产量575.1万公斤；花生种植面积8869.8亩，产量199.57万公斤；大豆种植面积1163亩，产量29.08万公斤。

康店镇邙岭小杂果基地 康店镇邙岭小杂果基地位于康店伊洛河景观带西部的邙山丘陵上。2001年，结合邙岭土层深厚、光照充足、适宜发展林果业的特点，康店镇加大农业基础设施建设力度，通过万泉供水上岭工程，把黄河水引上邙岭，修建蓄水池，铺设地埋管，把水通到每个地块；新修硬化道路，架设电线、通信基塔。土地流转给种植大户，引进杏、梨、桃、苹果、核桃、草莓等优良品种，种植面积达2万亩，形成邙岭

邙岭小杂果基地之二 康亚峰 摄

邙岭小杂果基地之三 邙岭小杂果基地之四 付智军 摄

小杂果基地。单是庄头岭，就有杏、苹果、梨共2000亩。其中：杏900亩，产量157.5万公斤；苹果200亩，产量55万公斤；梨900亩，产量315万公斤。

养殖业

康店养殖以猪、鸡、牛、羊、蜂、鱼、鹅等品种为主。

1979年前，猪、鸡以家养为主，户养1~50头。

1981年，分田到户后，养猪专业户有50多户。

康百万庄园庙会之二 张耀宗 摄

康百万庄园庙会之三 白小红 摄

邙岭赏花节之一 王军 摄

邙岭赏花节之二 张建军 摄

2018 年，康店镇举办第七届邙岭赏花节，主题是“旗袍文化、人花争艳”，融入文化元素，以花为媒、以节会友。

邙岭花海—黄河湿地万人骑行体验活动 2017 年，康店镇依托 X001 线打造一条集健身休闲与旅游观光为一体的旅游线路，全程约 20 千米。每年初春，举办邙岭花海—黄河湿地万人骑行体验活动，时间持续 1 个月。

邙岭花海—黄河湿地万人骑行体验活动之一 张耀宗 摄

2017年4月，康店镇首届邙岭花海—黄河湿地万人骑行体验活动仪式在康百万庄园广场启动，来自郑州、洛阳、焦作等地的骑行爱好者参加了启动仪式，并参与了骑行体验活动。骑行线路为：康百万庄园—庄头邙岭小杂果基地—訾峪村—X001线—天河龙湾生态休闲度假区。

2018年4月，康店镇第二届邙岭花海—黄河湿地万人骑行体验活动仪式在杜甫陵园启动，此次活动主题是“祭诗圣 诵杜诗”。来自郑州、洛阳、焦作等地的骑行爱好者参加了颂诗祭奠仪式，然后骑行体验活动开始。骑行线路为：杜甫陵园—山头村—赵沟村—X001线—訾峪村—康百万庄园。

邙岭花海—黄河湿地万人骑行体验活动之二 张耀宗 摄

康百万庄园

LOCAL RECORDS OF KANGDIAN

主要建筑

康百万庄园是一个功能齐全、布局严谨、等级森严的大型堡垒式庄园，总占地面积240多亩，共有19个部分组成。目前保留下来的有主宅区、南大院、栈房区、作坊区、康氏家祠等10部分，有33个庭院，53座楼房、73孔窑洞、97间平房，共计571间，建筑面积64300平方米。现对外开放的栈房区、作坊区、主宅区、南大院是目前保留下来比较完整的一部分。我国著名建筑专家李传泽也称该庄园是“全国硬山式建筑中最完整、最典型的代表”。

栈房区

栈房区是康家的商业中心，集中展示了康家在经商方面的家训和商业智慧。这里的楹联匾额讲述了康家崇尚德、信、公，以商德为本，讲诚信，讲道义，讲大义的美德和善举。栈房区修建于清光绪十一年至十八年（1885—1892年），原有6个大院和一个占地25亩的饲养棚和遛马场，总占地面积3600多平方米，历经风雨沧桑后保存下来的由东向西依次为顺记、魁记、崇义德3个基本完整的大院，现存面积大约2000平方米。

栈房区之一 王向阳 摄

栈房区之二　王向阳　摄

栈房区之三 马秀帆 摄

栈房区之四 邵保华 摄

主宅区

整个主宅区修筑在邙山半山腰上，相当于修筑在龟背上，从“地形堪舆学”角度有“金龟探水”的美称。主宅区不仅集中展示了其前堂后寝三进式四合院的独特建筑风格，还展示了康家修身、治家、孝悌、为官等方面的良好家规家训。此院是康家人居住的内院，处处显露出浓厚的文化气息，过厅正上方悬挂的匾额就是康家家训“留余”匾。

主宅区之一 王向阳 摄

主宅区照壁 邵保华 摄

主宅区之二　王向阳　摄

主宅区之三　王向阳　摄

主宅区之四　王向阳　摄

主宅区之五　王向阳　摄

主宅区之六　王向阳　摄

主宅区之七　王向阳　摄

主宅区之八　邵保华　摄

主宅区之九　王向阳　摄

主宅区之十　王向阳　摄

南大院

南大院是康家发展鼎盛时期的象征和精品建筑文化的集中体现，也是一座展示康家品位和修养，是展现家族在农、官、商公共关系处理中所处的独特地位和处世风格的重要场所。整个大院由“中直主院”“书带生庭院”“敬直义方院”三部分组成。

南大院之一　刘成武　摄

南大院之二 马秀帆 摄

南大院之三 王向阳 摄

南大院之四 王向阳 摄

留余文化

康百万家族居住在河洛文化发源地，尊奉中华优秀传统文化，经过长时间的积累和沉淀，形成了康氏家族深厚的家规家训文化，主要包括留余家训、康氏家训、楹联匾额等。其中尤为珍贵的是主宅区的留余匾。该匾阐述了康百万家族的“留余”文化理念。匾文如下。

留耕道人《四留铭》云：“留有余，不尽之巧以还造化；留有余，不尽之禄以还朝廷；留有余，不尽之财以还百姓；留有余，不尽之福以还子孙。”盖造物忌盈，事太尽，未有不贻后悔者。高景逸所云：“临事让人一步，自有余地；临财放宽一分，自有余味。”推之，凡事皆然。坦园老伯以留余二字颜其堂，盖取留耕道人之铭以示其子孙者。为题数语，并取夏峰先生训其诸子之词，以括之曰：“若辈知昌家之道乎？留余忌尽而已。”

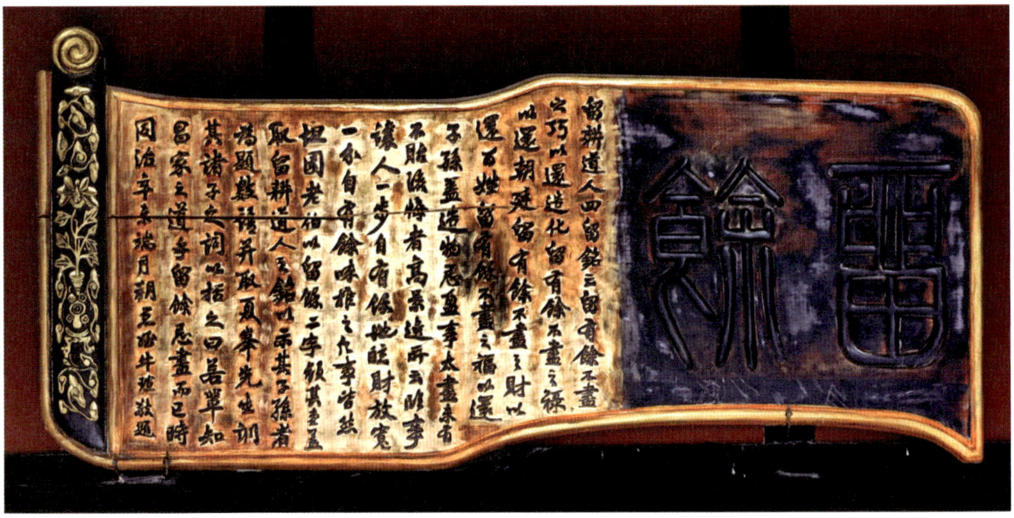

留余匾　邵保华　摄

中华人民共和国成立以来，特别是改革开放以来，康氏家族深厚的家规家训文化作为中华民族传统文化的重要组成部分和表现形式，受到了各级党委政府和有关部门的高度重视和推广宣传。中央纪委监察部网站推出“中国传统中的家规”栏目。2017 年 4 月，中央纪委监察部网站制作发布了《“中国传统中的家规”康百万庄园专题》《【家规 · 图解】康百万家族：忠厚留有余》《【家规 · 文化地理】“中原古建典范”康百万庄园》《河南巩义康百万庄园：以德兴商四百年“留余”治家十三代》等视频和文章，对康百万家训中的留余、忠厚、孝悌、崇德、勤俭、重义等内容作了专题宣传。

康氏家族主要代表人物　康绍敬，康百万家族第六代传人，明洪武年间进士，初任洧川（今河南尉氏县境内）驿丞，后晋升为山东东昌府（今山东聊城）大使。任职期间，勤政爱民，经常把俸银拿出来周济百姓，但面对宦官权臣贪婪索贿，却断然拒绝。

康大勇，康百万家族第十二代传人，出生于清康熙年间，又名大茂，号集义。他析产分居，购买土地，发展船运，绘制了康家发家的蓝图，奠定了康百万家族几百年富足的家业。

康应魁（1773—1850 年），康百万家族第十四代传人，乳名老木，字斗方。道光年间钦加直隶州例授征士郎。在祖父康大勇的经营基础上，他扩建庄园、扩大商船队伍、开拓棉布生意，积累众多财富，富甲一方。两次悬挂“良田千顷”金字匾额，被称为“康百万”，是康家承前启后、继往开来的重要人物。

康道平，康百万家族第十五代传人，字子履，号坦园，喜读诗书、好练武功，曾修寨垒堡，操办团练，保护家业。为鼓励自己也为教育后代，起堂号为“留余堂”，并请人撰写了“留余”二字及相关铭文作匾额悬挂于堂上。从此，“留余”成为康家的重要家训。

康无逸，康百万家族第十六代传人，字勉之，号周图，官名应甫。一生急公好义、乐善好施，曾倡导修建虎牢关大路，便利了东西交通。山东和郑州黄河决口，他也不遗余力地进行了捐助。

康建德（1863—1919年），康百万家族第十七代传人，字伯宣，号竹溪，官名鸿猷，注重兴办新学，教育子弟，曾向清政府捐资百万银两，被赐名“康百万”。

康廷煜（1903—1936年），字子昭。清末，巩县有王天杰、李鸿续、崔德聚（以上三人为河南辛亥革命烈士）、刘镇华等多人加入同盟会并投身旧民主革命。1921年，康廷煜由刘镇华送陕西讲武堂学习。1929年，巩县春灾，地方哀鸿遍野，康廷煜首出巨资救济燃眉，移送灾民就食东三省，两至辽宁，一至黑龙江，饥民赖以全活无数。“九一八”事变后，康廷煜积极奔走呼号，投身抗日，参加东北抗日义勇军。回乡后尽散家财，救危扶贫，乡里感念其德立碑题词“刚毅恢弘”、挂匾“毁家纾难”。

二野女大旧址

1949年2月，中国人民解放军第二野战军创办了我军历史上唯一的一所女子大学，由司令员刘伯承兼任校长和政委。中国人民解放军第二野战军女子大学（简称二野女大）分布于河南巩县、偃师、新郑等地区，由总校和一、三、四、五4个分校组成，先后共集中万余名妇女干部、家属和儿童，进行了为期1年多的学习生活。虽然存在的时间不长，但其对于解放战争的顺利推进，以及为新中国培养妇女干部和培育革命后代方面发挥了重要作用，是我军教育史上的靓丽一页。

二野女大河南巩县校区设在康百万庄园南大院内，当时办学条件艰苦，但学员们的学习热情非常高：用锅灰涂在墙上或门板上做黑板，从老乡家里借桌凳，用树枝在地上练习写字……在加强学习的同时，女大师生还积极参加生产和地方工作，加班加点做军衣军被支援前线作战，向驻地群众宣传党的方针政策，并起到了良好的效果。

二野女大的学员有一半以上担任了各级党政军机关、企事业单位的领导，有的则成为财会、文秘、卫生等方面的专业人才。女子大学育才学校和幼儿园的近2000名少年儿童在新中国成立后也成长为各行各业的拔尖人才，有的还成长为高级领导干部。

二野女大老照片

杜甫陵园

LOCAL RECORDS OF KANGDIAN

杜甫陵园位于巩义市康店镇西部的邙岭上，陵园北凭黄河，东傍蜿蜒东流的洛河，地势开阔，绿树成荫，环境优美。陵园占地面积约40亩，坐北向南，园内种植花木千余株，这处别具特色的陵园，整体规划由我国著名的古建筑专家李传泽总工程师设计，气势宏伟，风格古朴典雅。1963年，被河南省人民政府公布为河南省文物保护单位。

杜甫陵园的大门是仿唐大门楼，飞檐翘顶，古色古香，门楼两边的门柱象征两支毛笔，笔头指向蓝天，寓意诗圣以蓝天当纸，大地为墨，书写文章诗篇。东边门楼上挂有“杜甫陵园”的匾额，它由我国著名唐代文学研究专家、中国社科院外国文学研究所冯至题写。两边门楼前有一块两米高的花岗岩碑，背面刻有陵园介绍，正面“杜甫墓”三个字，和四周的青砖灰瓦围墙相衬，更显得陵园幽雅古朴，庄重大方。陵园立杜甫像，雕塑高7.7米，用花岗岩砌成，是由艺术大师刘开渠和著名艺术家刘岘指导，雕刻家崔开宏创作雕刻的，雕塑的线条简练流畅，技法求实，神志沉重，形象逼真。

杜甫墓前有碑三通，东边一块小碑是唐代时立的，经过一千多年的风雨剥蚀，字迹已模糊不清，隐约可以看到是“杜工部墓”，两边两块碑系清代时立，前边一通为乾隆四十年（1775年）立，碑中间书大字楷书“唐杜少陵先生之墓”，后面一通为康熙十九年（1680年）立，中间楷书“杜少陵墓碑”，正文468字，记载了杜甫墓变迁史和“康水采文”的故事。

诗圣杜甫在国内受到人们千百年来的崇敬与热爱，在国际上同样受到了世界各国人民的尊敬，在1962年斯德哥尔摩举行的世界和平理事大会上杜甫被评为“世界文化名人”，以此得到了全世界人民的纪念。诗人的一生忧国忧民，他的爱国精神和关怀人民的真挚感情为我们后人所推崇，而他留下的优秀诗篇更是让人们世代传颂。

杜甫像 王向阳 摄

康北古城址

康北古城址位于巩义市康店镇康北村。据碑载，周显王二年（公元前 367 年），周惠王封其幼子姬班于巩，奉王号“东周”，称东周惠公，并在此建城。该城址依山傍水，地势险要，由西向东渐次倾斜，直至洛水西岸。东城墙已被河水冲毁，现存西城墙长约 1 千米，南部紧靠沟壑，没有城墙建筑。整个城郭呈正方形，西城墙内发现不少周、汉时期的陶片，并发现规模较小的竖穴土坑墓，有棺椁。葬器组合为豆、鼎、鬲、壶。清同治五年（1866 年）曾在西城基上砌有寨墙，辟东、西两门，现存西寨墙长 400 米、高 10~15 米、厚 1~2 米。西寨门嵌长方石额一方，上书“东周故址”，右下角书“清同治五年”。城中有一座“巩王阁”，建于清咸丰元年（1851 年）。1986 年 11 月 21 日，康北古城址被河南省人民政府公布为第二批河南省重点文物保护单位。

康北古城保护范围：自西城墙基向西 20 米，向东 200 米，南、北两端均至沟沿。

康北古城址　邵保华　摄

巩王阁

"巩王庙""红阁"，建于清咸丰元年（1851年），庑殿式小瓦盖顶。阁共三层，通高9.5米。阁基座高1米，面阔、进深均为2.32米，呈正方形。第一层高3米，长、宽各1.9米，正面有宽0.5米，高1米的券门；第二层高2.66米，长、宽各1.5米，南北两侧各有一圆窗；第三层高2.8米，东、西两面各有一券门，南、北两侧各砌有方窗和圆窗。因其通身饰红色，俗称"红阁"。阁一层南侧壁上镶嵌青石碑碣，题"东周巩王庙原委"；楷书"大清咸丰元年岁次辛亥正月二十二日曲浩、伯通书"，详尽叙述了东周城的沿革。1986年11月21日，被河南省人民政府列为第二批河南省重点文物保护单位（附属于康北古城址）。

巩王阁

塌坡遗址

位于巩义市康店镇解放岭塌坡自然村。遗址东西长200米，南北宽200米，面积约4万平方米。1933年，中国现代考古团体河南古迹研究会对塌坡遗址进行发掘。遗址文化层明显，厚2~2.5米，遗存非常丰富，有明显的房基、灰坑、红烧土，采集的标本有泥质红陶、灰陶、夹砂红陶、夹砂褐陶等，器形有钵、盆、罐、小口尖底瓶等。该遗址保存基本完好，是中华人民共和国成立前我国第一代考古学家进行科学发掘，较早的一处重要的仰韶文化遗址，为研究当时人类生活环境及生活状况，提供了重要资料。2007年12月，被巩义市人民政府公布为巩义市文物保护单位。2008年6月16日，被河南省人民政府列为第五批文物保护单位。

保护范围：东至烟嘴洞东断崖，西至红土嘴西断崖，南至邙山山顶，北到老生产路北外扩20米。

建设控制地带：自保护范围向东、西各扩100米，北到黄河滩生产路南沿，南不变。

塌坡遗址

魏氏石坊

魏氏石坊位于巩义市康店镇裴峪村南，地处邙岭冲沟地带，北距黄河南岸 2000 米，东西是黄土断崖，南北是民居，牌坊在村民院内。

该石牌坊建于清嘉庆年间，是旌表已故太学生焦正儒妻魏氏的节孝牌坊。现保存基本完好，面积 37 平方米。坐西面东，石质四柱三间三楼式牌坊，现存主体高 5 米、宽 7.3 米，中间门宽 2.6 米，两侧宽 1.1 米。庑殿顶，仿木斗拱，中间镶竖匾，刻“圣旨”“壶

仪闺范”等字样。坊楣栏板内楷书“旌表已故太学生焦正儒妻魏氏节孝坊”，石坊与栏板上分别雕刻“八仙图”“二十四孝图”。两侧结构与主体相同，石柱上刻有对联。石坊与栏板上雕刻游龙及“白蛇传”断桥故事。石坊阴部主楼檐下刻“恩荣”二字，栏板上刻“纶音崇锡”四个大字。在坊体及基座上雕刻有武士、狮子等；石坊与栏板上还雕刻麒麟、鹤衔草、龙降甘露、大舜耕田等图案。《巩县志》民国十八年（1929年）本载：“魏氏，儒童焦正儒妻。二十七夫亡，祖姑年八十余，翁、姑年亦衰老，孤方一岁，截发自誓，事两世尊嫜，存殁尽礼，孤得成立，守节三十五年。乾隆三十八年旌表。”中华人民共和国成立后，文物部门多次对其进行调查。

该石坊结构严谨，造型古朴，雕刻精细，保存较好，对研究当时民俗、雕刻艺术均有一定价值。2009年6月，被公布为第二批郑州市文物保护单位。

保护范围：东至裴峪村道东沿，西至黄土断崖，南、北均外扩20米。

建设控制地带：东至裴峪村道东沿，西至黄土断崖，南、北均外扩20米。

魏氏石坊 邵保华 摄

灵山寺

灵山寺位于巩义市区西北约 20 千米康店镇裴峪村南山脚下，始建于明万历四十一年（1613 年），原有前明殿、菩萨殿、弥陀阁、广生殿和钟鼓楼等。清顺治十年（1653 年）到民国八年（1919 年）屡有增修。现存有山门、菩提殿、正殿、卷棚等建筑，该寺大钟现存裴峪村小学。

山门坐落在砖砌拱桥上，是本寺的中心殿宇，又称“十三老母殿”，为一座砖石筑砌的悬山式无梁拱券式建筑，这是明代晚期较为常见的一种建筑形式。该殿建制 3 间，屋顶覆盖红、绿、黄和乳白色琉璃瓦。屋脊、大吻和封山板都是彩色琉璃烧制的，上面分别饰倒鱼、海马、莲、鹤、牡丹、凤凰以及卷草等图案。前檐下饰玻璃斗拱上昂为龙头，下昂仿拟宋代批竹；拱间壁上饰鹤闹莲、凤凰牡丹、云龙和龛佛等。建筑形式古朴大方，坚固耐用，给后世无木建筑开创了良好范例。殿内为圆拱形，后壁砌 3 座大神龛。寺内金石遗物，有清乾隆十二年（1747 年）铁钟一口，重千余斤。有清代重修碑碣十余座。其中“灵山禅林创建弥陀宝阁功德碑　康熙二十八年三月吉旦”，高 1.5 米，宽 0.63 米，厚 0.15 米。1997 年，重修无梁殿时，在殿脊发现一厌胜碑，碑制完好，字迹清晰，且在碑内藏宝珠两颗。碑系青砖磨制而成，通高 22 厘米，宽 9.8 厘米，厚 4.2 厘米。碑首、碑身、碑座一体。碑阳刻有“碑记”和七言四句：“四福落中原，创立古灵山，参透西来意，步步踹金莲。”碑阴刻有纪年“万历四十四年夏月吉日修造完工”和“随记宝珠两颗”记事。此碑的发现，不仅确认了灵山寺的建造年代，而且为研究河洛地区古代建筑制度提供了宝贵资料。1963 年 8 月 15 日，被巩县人民委员会公布为文物保护单位。

礼泉民居

礼泉民居位于巩义市康店镇礼泉村村委南 200 米，面积 3100 平方米，据张氏祠堂碑文记载：“于康熙年贸易来河南焦家湾。”依张氏族谱碑序载：乾隆八年（1743 年）始建此院。经多次续建，形成东西 2 部分 8 个院落。中华人民共和国成立后分给多户村民居住，东边 4 个院落大部分已改造，西边有 3 个院落保存较好，仍由当地村民居住。该民居共分东、西两个区，东区破坏严重，现存 6 间房屋，其余均被重新改造。西区现存 4 个院落，有 3

礼泉民居　王向阳　摄

个院落保存较为完整，均为二进式四合院，共有 45 间房屋，3 孔砖券窑，整个民居由南、北两个大门贯穿，布局合理，是一处典型的北方民宅建筑。2007 年 12 月，被列为第二批巩义市文物保护单位。

八路军太行第八军分区情报处张岭联络站

八路军太行第八军分区情报处张岭联络站于 1945 年年底筹建，设在康店镇张岭村张荫南家，1946 年初启用，至 1947 年夏顺利完成联络任务后停止工作。1996 年，李德生同志为八路军太行八分区张岭情报联络站亲笔题词“八路军太行八分区北邙革命纪念地”和“巩义市青少年爱国主义教育基地”。

非物质文化遗产

康百万三雕制作技艺

2010年，康百万三雕制作技艺被公布为巩义市非物质文化遗产。

康百万庄园石雕、木雕、砖雕“三雕艺术”，技术工艺精湛，文化底蕴深厚。庄园现存石雕、木雕、砖雕，多以人物、花草、鸟兽为主。有冠上加冠（官）、半夜拜师等雕刻图案，具有深刻的寓意和浓郁的生活气息，展现了明清民间工匠们高超的技术和智慧，是雕刻艺术宝库中的瑰宝。

石雕之一　张欣伟　摄

石雕之二　马秀帆　摄

木雕之一　王向阳　摄

木雕之二　王向阳　摄

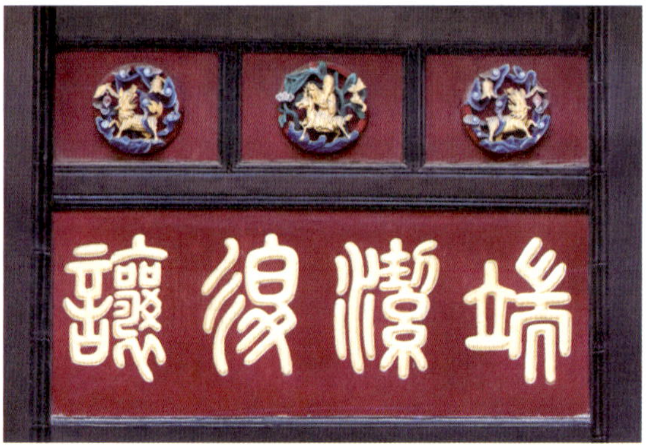

木雕之三　张欣伟　摄

砖雕之一　曹克强　摄

砖雕之二　刘成武　摄

天井坑窑洞　建造时，平地下挖 6~7 米深、长宽 10 米左右正方形或长方形坑，然后向四边开挖窑洞，形成天井式四方窑院，俗称“窑坑院”“下扎坑院”，并从一方挖斜坡洞（方向要请风水先生定）进院，洞口安大门。窑顶轧平做打麦晒谷场。康店镇叶岭村留存天井坑院 100 多处，65 座保存完好，20 余座仍然有人居住。这些建筑多建于清末、民国初年，有 100 多年的历史。

平地券窑　用砖、石垒墙，用砖、石、坯及混凝土在平地打起券台，用砖、渣料、石子、预制块券顶。20 世纪 70 年代后，多数券窑起券处用钢筋拉固。后来明券窑逐渐改成“现浇”（混凝土整体结构，也有用砖现浇）平顶。

风土民情

LOCAL RECORDS OF KANGDIAN

土特名产

邙岭红薯粉条

康店镇红薯种植面积 5000 亩，大小粉条加工厂数十家，邙岭红薯粉条远销省内外。

“黑老头”香油

“黑老头”香油产于康店镇庄头村，选用本地地道芝麻，采用传统古法，石磨磨酱，铁锅萃取。在磨制过程中低温低压，有效保留了香油中的芳香味物质及功能性营养成分。采用物理净化技术，经多次过滤、沉淀，滤掉香油中杂质、异物。净化后小磨香油外观晶莹剔透，营养丰富，品味纯正。

北游殿小米

康店位于邙山丘陵区，气候干燥，特别适合谷子种植。小米由谷子脱壳而来，康店辖区北游殿小米颜色金黄，黏性强，煲出的汤米油漂浮，香气宜人。

生活习俗

婚姻习俗

提　亲　男女到了谈婚论嫁之时，双方了解对方家庭基本情况，媒人联系双方家长或男女青年牵线提议结亲。

相　亲　男方在媒人和家人陪同下到对方家中相看，然后媒人听取双方意见。

定　亲　也叫“过帖”“换手巾”。婚配男女双方的父母选定吉日，交换男女庚帖，举行订婚仪式。

看好儿　选择吉日（俗说“看好儿”），也就是选定结婚的日子。双方父母根据男女的生辰八字，由算命先生测算合适的结婚日子，男方带着礼品和现金告知女方家庭，准备结婚事宜。

搁　桌　婚前一天，男方由主事人拿红纸包扎一长条猪肉（称为礼肉，一般为 10 斤）和一壶酒送到女方家，主要是察看结婚车轿所走的道路，并与女方主事人商谈女方参加婚礼的人数、马匹花轿数目及其他细节事宜。

娶　亲　旧时娶亲一般是男骑马，女坐轿。新郎去时坐轿，回来骑马。执事人（一人夹毡，一人引礼）领路，手拿“花红盖之”纸条，遇见庙、堂、祠、观、大树、河沟，撒之，以求逢凶化吉。

新娘头戴凤冠，身着喜衣，肩披红纱、云肩，下系彩裙，头顶盖头，由姐嫂将新娘送进花轿。轿后是陪送的嫁妆、食盒等礼品。

婚　礼　花轿抬到家门口，燃放鞭炮。送亲者入席吃饭。长辈向人群撒碎谷草、麦麸、花生、红枣、喜糖和喜钱，俗称“撒喜钱”。天地桌前，新婚夫妻在司仪指挥下，一拜天地，二拜高堂，夫妻对拜，进入洞房。新娘进洞房坐定，由搀扶人为其“上头”，即把原来的辫子解开，梳成馒头大小，别上簪子，戴上丝兜，俗称“包头”。

闹洞房　婚礼当晚闹洞房，吃“四盘菜”。男方主家备小菜 4 盘，筷子 2 双，放在桌子上，旁置双椅，小两口对坐，众人围观嬉闹祝福。

生育习俗

儿子结婚，父母就盼着抱孙子，续“香火”。在康店有诸多生育习俗。

怀　孕　过去人们把怀孕，说成“有喜”“双身子”“身子笨”，也有人把“喜”字省去，说是“有了”，其含义是“有人传宗接代”了，有“指望”了，有“依靠”了，都是美好的期待。

生　产　产妇分娩，以前都是请村里接生婆，用老法子接生。20 世纪 80 年代后，产妇到乡卫生院或者巩义市区医院生产。

酬　谢　婴儿出生后，要给接生婆做面条吃。冬季，面条常配红萝卜；夏季，则配以红辣椒，以示吉利。饭后给接生婆一块一尺见方的红粗布，内包谢礼钱。

报　喜　婴儿出生第三天，要给近亲近族送去 2 碗或 4 碗面条报喜。初为人父者还须给婴儿外婆家报喜，生男孩报大喜，生女孩报小喜。第二胎仍须报喜。生男孩说是“茶壶嘴”，生女孩说是“大油糕”。

康店镇民间文艺汇演

清明节 公历 4 月 5 日前后是清明节，人们携子带孙到祖坟上添土、挂纸，祭奠亡故亲人。

端午节 农历五月初五，又称端阳节。当天一早，家人给小孩手脖、脚腕佩戴五色线，肚子上戴“五毒兜”，身上佩戴香草布袋。当天人们吃粽子、门上插艾蒿、熏苍术等。据说五彩线象征五色龙，系五色线可以降服妖魔鬼怪。香包里除了装些雄黄、苍术外，还要装香草配成的香料，戴在身上起驱虫除秽的作用。将现采的艾蒿插在门上，驱虫避邪，以保安康。小孩子戴“五毒兜”，上有绣织的五毒图（蛇、蝎、蜈蚣、壁虎、蟾蜍），寓意以毒攻毒，确保健康。

七　夕 七夕亦称“七巧节”。神话故事说农历七月初七晚上，喜鹊上天搭“鹊桥”，帮助牛郎织女在鹊桥相会。这天，青年妇女向织女学习机巧，陈列花果、女红，以求婚姻美满，家庭幸福。

中秋节 农历八月十五是中秋节。康店地区有祭月、拜月、赏月习俗。人们在院子里摆月饼，柚子、石榴、花生、西瓜等果品，合家围坐，凭栏赏月。

中秋

重阳节 农历九月初九是重阳节。这天民间有登高，赏菊花习俗。“登高”除避祸消灾外，还有年轻人步步高升和老年人健康高寿之意。进入21世纪，又延伸为“老人节”，节日当天康店镇举办各种活动，弘扬和传承中华民族“敬老孝亲”的传统美德。

冬 至 冬至是“交九”的第一天，从此日起，便进入“数九寒天”了，也是全年日照最短的一天。人们有宰羊吃饺子的习俗，传说“冬至不吃饺子，会冻烂耳朵的”。

腊 八 农历十二月（俗称腊月）初八，人们要喝“腊八粥”（用八种不同的食材，如大米、红豆、绿豆、小米、花生、红枣、葡萄干、柿饼，做成的稠饭）。俗话说：“吃罢腊八饭，就把春节盼。”

过小年 腊月二十三日晚上，家家祭灶神。晚饭后，在灶神面前，燃香，将灶神画像撕下点燃，灶神就上天宫了。康店有“男不拜月，女不祭灶”之习俗。

扫房子 农历腊月二十四，把家里卫生全部打扫一遍“以去尘秽、净家庭，以祈新福”。

贴年画 腊月二十八，家家户户贴年画、新对联。

守 岁 除夕之夜，人们安神敬祖，通夜不寝，名曰“守岁”。

艺文

LOCAL RECORDS OF KANGDIAN

诗歌

自巩洛舟行入黄河即事寄府县僚友

[唐]韦应物

夹水苍山路向东，东南山豁大河通。
寒树依微远天外，夕阳明灭乱流中。
孤村几岁临伊岸，一雁初晴下朔风。
为报洛桥游宦侣，扁舟不系与心同。

黄河 邵保华 摄

酬李相公喜归乡国——自巩县夜泛洛水见寄

[唐]刘禹锡

巩树烟月上，清光含碧流。
且无三已色，犹泛五湖舟。
鹏息风还起，凤归林正秋。
虽攀小山桂，此地不淹留。

洛河 邵保华 摄

经少陵墓

[明] 周叙

杜陵诗客墓，遥倚北邙巅。
断碣居人识，高名信史传。
猿声悲落照，树色翳寒烟。
唯有文章在，辉光夜烛天。

洛水泛舟

[明] 刘醇

芳草垂杨古渡头，身闲赢得一扁舟。
歌闻蓼岸惊沙鸟，风送芦帆过远舟。
欲慕五湖烟水晚，未开三径楚天秋。
渔翁短棹吹新调，助我乘槎泛斗牛。

黑石渡

[清] 王铎

洛汭襟喉古石亭，往来一舫下岩扃。
西窥函谷三秦小，东去河流大海青。
戈甲金销歼土豹，农桑均馌赛村灵。
酒阑呜呜歌幽雅，何处蔷薇送晚馨。

杜少陵墓

[清] 刘青藜

万里清明节，回头忆北邙。
可怜出巫峡，曾未到襄阳。
故国三千里，羁魂二十霜。
蹉跎稷契志，终古恨茫茫。

杜甫像 王向阳 摄

乾隆《巩县志》八景之黑石通津

黑石通津

[清] 孙汝工

嶙峋黑石绕回澜，短笛传声画舫安。
洛讷龟文浮绿字，伊流鸟羽出金滩。
通津谁唱公无渡，利涉不知行路难。
李郭仙舟如共济，平川两岸万人看。

邙岭秋风

[清] 李克荣

二水夹山东向流，萧萧残叶起人愁。
月因山耸偏能小，云为天凉不少留。
鸟下绿芜间里涧，蝉鸣黄叶晚来楸。
登高极目邙山上，摇落西风万古秋。

在中共党组织的支持下，组建“今日社”，在开封市书店街创办大陆书店，出版《今日杂志》和《大陆文艺》，宣传革命思想。1934 年，赴日留学，继续开展左翼革命活动，并组织“世界名著编译社”，任宣传部长。1936 年冬，回到北平，参加民族解放先锋队及其活动。1937 年春，经北京地下党组织介绍，赴延安“抗大”学习，为了保密起见，改名王国权。1937 年，任晋察冀军区第一军分区副书记，后调任一分区地委书记。1941 年 9 月，指挥著名的“狼牙山战役”。1948 年 10 月，参加“锦州战役”。1949 年 9 月，出席中国人民政治协商会议第一届全体会议，10 月 1 日登上天安门城楼，参加开国大典。中华人民共和国成立后，任辽西省委副书记兼锦州市委书记、热河省委书记兼省军区政委。1956 年，调外交部，先后出任中华人民共和国驻民主德国、波兰、澳大利亚、意大利大使，并在任波兰大使期间，兼任中美华沙会谈中方代表。1970 年，担任中国对外友好协会会长、中日友好协会副会长。1978 年，奉调回国，任民政部第一副部长、党组副书记。1988 年，离休。王国权是第一届全国政协代表，第一、二、三、五、六届全国人大代表；中共十二大代表、十三大列席代表、十四大特邀代表。第五届全国人民代表大会期间被选为全国人大常委会委员，担任全国人大民族事务委员会副主任委员。2004 年 9 月 15 日，在北京病逝，享年 93 岁。

柯　岗

柯岗（1915—2002 年），现代作家，原名张晏如，曾名张克刚，笔名柯岗、葛岗、康任思、k—k、柳斜晖、绿窗等，巩县张岭村人。1937 年，上海大夏大学（后并入复旦大学）毕业，辗转赴武汉参加臧克家、于黑丁负责的第五战区文化工作团，从事抗战宣传。1938 年 11 月，回到家乡，在父亲张荫南的支持下，和妹妹张熙如奔赴延安，进入抗日军政大学总校第五期学习。1940 年 5 月，毕业任八路军前方总部警卫团教员，一个月后调 129 师宣传部主办《战场报》，直到抗日战争胜利。1942 年，加入中国共产党。《不屈的人们》《不可摇撼的心》《北流寺歼灭战》等战地纪实是这一时期作品的代表。抗日战争结束后，任晋冀鲁豫太行八分区情报站站长、晋冀鲁豫中央局（在邯郸）《人民日报》编委兼农村版、文艺版主编。1947 年，随刘（伯承）邓（小平）大军挺进大别山，时任 12 军宣传部副部长，采写的《红军的妈妈》见报后，受到刘伯承司令员称赞，延安广播电台连续播放。1948 年，调任第二野战军第六纵队宣传部长兼新华支社社长，随军渡江，参加解放江、浙，进军大西南的战斗。中华人民共和国成立后，任西南军政委员会文教部文化处副处长。1958 年，离开部队，任中国作家协会四川分会理事，专门从事文学创作。1978 年，调文化部剧本委员会负责剧本创作兼办公室主任。新中国成立后创作的文学作品，出版有 300 余万字，著有《金桥》《逐鹿中原》《三战陇海》等长篇小说和人物传记《刘伯承传》，诗集《小诗集》，散文集《因为我们是幸福的》，短篇小说集《八朗里和五里河》《边疆》《一同成长》《这事发生在北京》《柳雪岚》，长诗《长着翅膀的朱银马》，话剧剧本《针锋相对》，通讯集《三千七百万零三十元》，电影文学剧本《中央突破》，和夫人曾克合著《战犹酣》《比翼齐飞》。他的作品被合编为《柯岗文集》（共 5 卷）。报告文学集《风雪高原红花开》获西南军区创作一等奖。柯岗为人率真淳厚，正直热情，善于与人合作共事，具有很高的人格魅力。2002 年 4 月 21 日，去世，享年 87 岁。

曲竞济

曲竞济（1919—2007 年），巩县礼泉村人。1935 年，入读开封高中。1936 年，秘密参加“中华民族解放先锋队”。1937 年，抗日战争爆发后，离开学校，先后参加抗日宣传队、中共河南省委领导的河南大学抗敌训练班、东北游击战争干部训练队（八路军第一游击纵队）。在一次为八路军西安办事处运带枪支行动后，辗转跋涉，于 1938 年 4 月，进入延安抗日军政大学学习。6 月，加入中国共产党，年底奔赴晋察冀边区。从 1939 年 2 月至抗日战争胜利，历任晋察冀军区教导团营副教导员、团政治处教育股长、营教导员、行唐支队副政委、团政治处主任等职，参加了百团大战和绥东、绥包、丰镇、济宁战役和冀西根据地抗洪救灾。1946 年 4 月，任华北野战军 4 纵 28 团副政委兼政治处主任。先后参加大同、怀来以东、保北、保南、正太、青（县）沧（县）等多次战役战斗。1947 年 7 月，他在率部攻打保定外围南奇村土顽的战斗中，胸负重伤。10 月，在清风店战斗中，所部一昼夜急行军 200 余里，将国民党第 3 军军部和 1 个师又 1 个团包围在清风店地区，激战两昼夜，歼敌 1.3 万，俘虏敌军长罗历戎和副军长 1 名、师长 1 名。之后，曲竞济任华野 4 纵 36 团政委，参加了石家庄、察南、冀东诸战役。1948 年，任 34 团团长。平津战役中 34 团在新保安阻击战中，胜利完成阻击傅作义嫡系王牌主力 35 军的任务，受到军委表扬。1949 年，所部改编为中国人民解放军第 19 兵团 64 军 190 师 568 团，曲竞济任团长，参加太原战役。后任 192 师参谋长，参加宁夏战役。1950 年，任 190 师副政委兼政治部主任，

4 月，随部队参加宝天铁路施工。翌年 2 月，曲竞济任副政委、副师长的 190 师参加抗美援朝第五次战役，突破临津江，进行大德山、玉心洞、沙岩线阻击战、高旺山攻坚战、西海岸防御战、227 高地反击战及反绞杀战、反细菌战等战斗，圆满完成任务。1952 年，朝鲜民主主义人民共和国授予他自由独立勋章和二级国旗勋章。7 月，任 190 师政治委员。1953 年 1 月，曲竞济任志愿军归国代表团西北分团团长，先后在北京、陕西、甘肃、青海、宁夏、新疆等地宣讲汇报志愿军的英勇事迹。8 月，从朝鲜回国，先后在 190 师、64 军、第三兵团、旅大警备区、50 军、北京军区任师政委、军政治部副主任、兵团政治部副主任、警备区政治部主任、军政委、军区副政委兼政治部主任、军区副政委等职。参与指挥了多次军事演习，创造性地开展新时期军队思想政治工作，受到总政治部和军委主席邓小平的肯定。1964 年，晋升少将军衔，荣获二级独立自由勋章，二级解放勋章和独立功勋荣誉章。为第五届全国人民代表大会代表。1985 年，离休。2007 年，在北京逝世。

王鸣琴

王鸣琴（1922—2019 年），男，康店镇张岭村人，中共党员，著名眼科专家。1950 年，毕业于山西医学院并留校任教，先后任助教、讲师、副教授、教授、主任医师、眼科教研室主任、硕士研究生导师，兼任《山西医学院学报》《眼科研究》编委和《山西医药》杂志审稿人。1951 年，翻译出版《盖氏眼科学》，填补了中文眼科教科书的空白。1973 年，他实验成功用动物眼角膜移植治疗角膜病，在全国引起轰动。此项技术很快在全国推广，为中国角膜病救治作出了特殊贡献。他还发表了《超声乳化白内障人工晶体植入术》《准分子激光治疗近视眼》等 4 万多字的论文。1992 年，经国务院批准享受国务院特殊津贴。

李效琛

李效琛（1929—2009 年），康店镇黑石关村人，中共党员。参加过上党、孟良崮、淮海、平津、渡江等著名战役及云南、广西剿匪，历经大小战役 108 次，4 次负伤，历任中国人民解放军 129 师 37 团战士、副班长，太岳军区 12 旅 37 团书记、排长，112 团二营军械长、副连长，38 师文化学校队长，教导营连长，112 团作战副书记，38 师集训队队长，昆明军区军训处参谋等职。1954 年，在中国驻老挝大使馆担任武官一年。荣获“战斗英雄”称号和“解放西南”“解放华北”“解放华中南”等奖章 50 余枚，立大功 1 次。1963 年，转业到巩县工作，先后任巩县供销社主任、中共巩县县委监委书记、巩县人民银行行长、粮食局局长、巩县民兵独立团副团长、纪检委副书记、组织部副部长、统战部部长、政协副主席等职务。2005 年，获得国务院、中央军委颁发的“抗日战争胜利 60 周年纪念奖章”。2009 年 9 月 7 日逝世。

印象康店

LOCAL RECORDS OF KANGDIAN

徐小龙作品　河洛风情画卷·婚娶卷　中国画

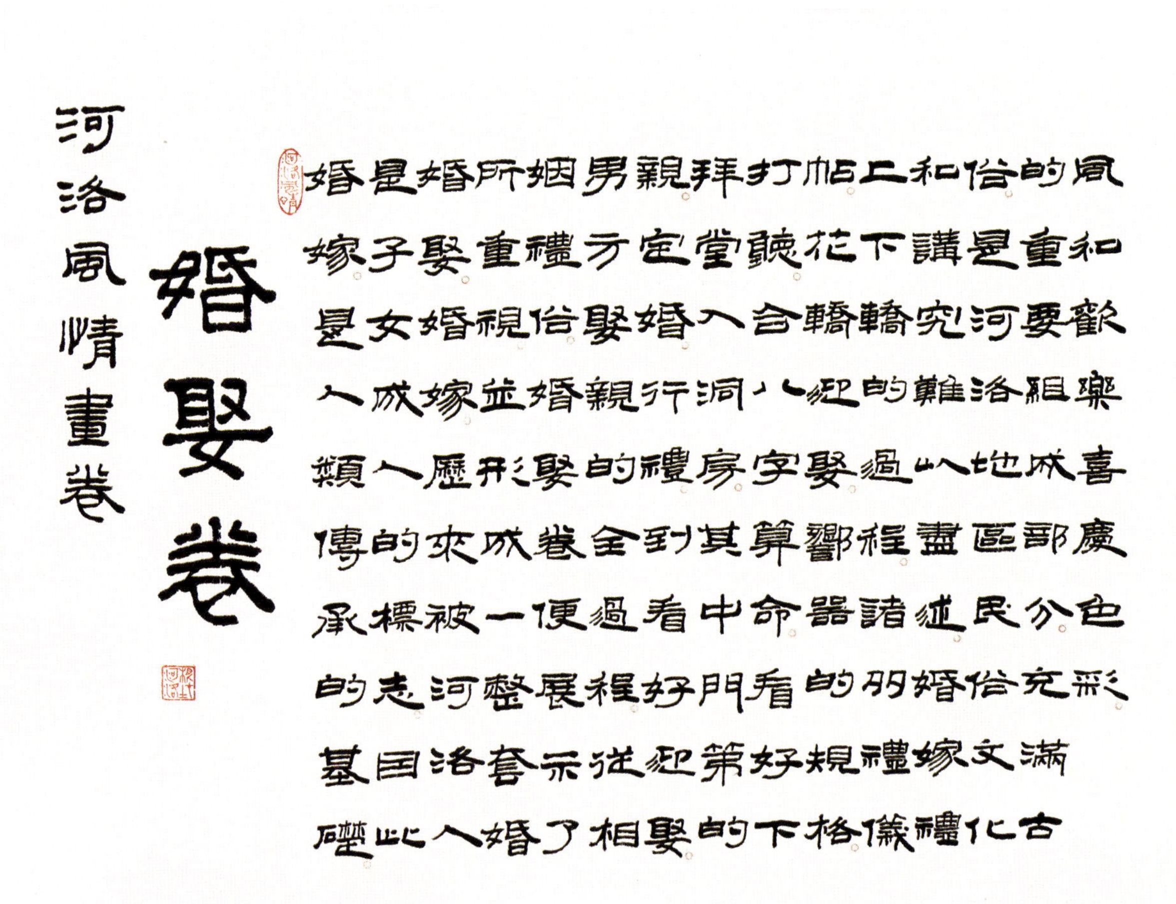

母親大人
走走過程而已做主者乃為父
世纪五、六十年代青年男女相親
在婚姻上講究明媒正娶，二十
傳統意識自然濃重，表現
河洛地區文化積澱深厚

定親事一要門當
戶對二要好人品、
好門第、鄰村近
莊好打聽、保險。
外路人家隨對
不行孩子們婚姻
大多父母說了算、
「先結婚後戀愛」
是當時的實際
現象。

经過细密地打
聽、瞭解對方
人品、門第不
賴、選了吉日、
媒人帶着定
婚禮物到親
家，换「龍鳳
大契」，阳道家
還要送一頭
羊去，羊者意
喻吉祥，實際
上是给媳婦
的積蓄，「羊生
羊，做嫁妝」。

大婚前媒
人送好到
女家携帶
大禮數種
上轎衣裳
畢機尼斜
孜洋布坊
時興衣料
手鐲戒指
等貴重飾
物油
外鐵
子一
百把
應有
盡有

樂乎
氣不凡
滿屋喜
看熱鬧
瞧婚禮
聚一屋
齊刷刷集
嫂子小姑
嬸子大娘

大閨女小
得過癮
吹手聽
大男人聽
聲而已
鄰居聞
段街坊
那風來一
一番百鳥
佳響器吹
一盒煙截
一條板欖

婦的伸頸
踮腳嗩吶
聲嘻笑聲
相交織一
聲高過
聲整條
街巷都
沉醉在
歡慶之
中。

香吃了又吃
性子，把大
炮的，耐着
就到，放鞭
新人馬上
吉日良辰。

此番戲謔那當事者不知個中滋味
逗樂只是快事
抹一把逗
給老公公
落地婆婆給完
嗩吶聲中花轎
再來抬花篷」
生男必中舉
人明年必生男
圓今年運新
保佑八仙賀月
下轎喜神來
「燎燎新媳婦
免災口中念道
人祈福為新人
跳轎三圈為新
二廚舒桿草火
上肉湯刺作響
燒紅的犁鏵灑
門前大廚手拍
響亮新人來到
鞭炮齊鳴大笛

年和合
敬如
银河
结同

囍
新人被搀
扶着，踏上氈路。
「红氈卷布袋七
兜八秀才」撒草
料的小叔，把
喜糖
抛得
老遠，
「吃塊喜
糖一年運
旺」新人進
門，「跨鞍過
盆子，福享
一辈子」。

天地桌前、
新郎新娘、
「一拜天地。
二拜爹娘。
夫妻對拜、
送入洞房
青年男女、
拜過天地、
即為大婚
吉成。

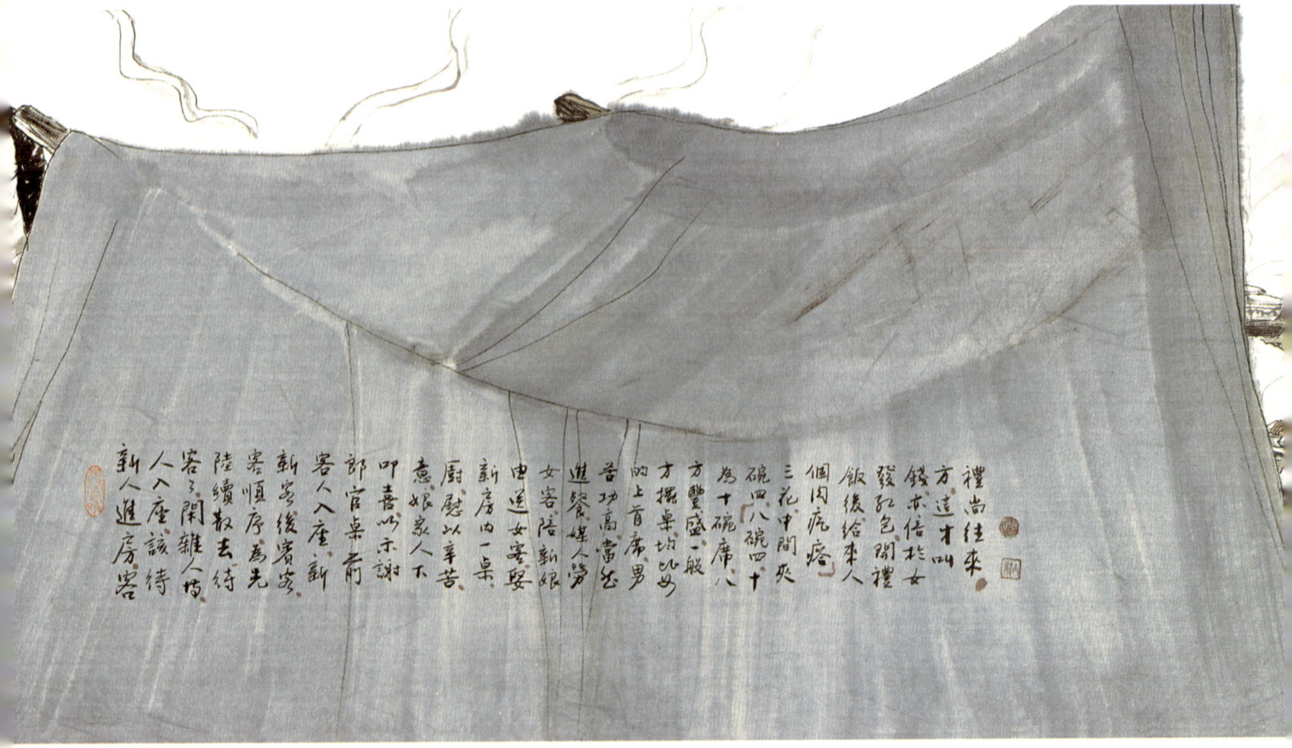
禮尚往来
方這才叫
錢亦倍於女
發紅包鬧禮
飯後給來人
個肉疙瘩
三花中間夾
碗四八碗四十
為十碗席八
方豐盛一般
方擺桌均比女
的上首席男
苦功高當然
進餐媒人勞
女客陪新娘
由送女客娶
新房內一桌
廚慰以辛苦
意娘家人不
叩喜以示謝
郎官桌前
客人入座新
新客後賓客
客順序為先
陸續散去待
客客閑雜人均
人入座該待
新人進房客

客人入席、新人上頭、新娘子座下放隻木桶喻「生一統
江山」上頭即將辮子改梳為盤頭上頭歌曰「一木梳、兩
擀子生的孩子帶頂子」「頭縫往左側生的孩子穿蟒
袍」盤上頭給新人送來麵疙瘩、又歌「喝了大伯麵
疙瘩一生兒女有七八」多子多福、美好的祝愿真、
誠的期盼」

囍

新房陈佈置新镜外。尚放尺斗秤。斗为福，秤为禄，尺为寿。秤平斗满尺码足。福多禄厚寿命長。
新客一走，看新媳妇的，讨果子吃的，都揣进了新

累了、瞌睡了、閙房才肯罷休
公婆舒生果子，打發走一批又來一批，閙房一直閙到深夜。
新娘子裝聾賣啞、不理不睬。俗語說「新媳婦的話——難得」
閙破天、
任憑你
有發生、
動手時
話、撞腳
皮、說笑

馬上俺都走，一會送枕頭，可是不興放兩頭」
西紅耳赤，送者又唱「弟姒弟妹莫嫌丑，
三一把，撒籽花，閨女小子再生仨」此時新娘
生個胖小小，二一把，撒紅棗，二胎生個花嬌嬌，
給新郎新娘鋪床，歌曰「頭一把，撒核桃，明年
狀元郎」說完，
得啥快快生個
要鬧俺們圖
不圖吃香糖，
圖喝喜酒，不
來送房，一不
俺們給您
爹孩他娘
不依「孩他
看不好俺
好兄弟照
俺弟本是
冷冷，妳應急
妳熱了妳照看，
把小弟交給
妹，施一禮，俺
有歌曰「對弟
新郎入洞房，
鬧房告終，送
子歌
好」此為裝箱
元寶，匣子保管
個匣兒，把子摟
個把兒，小妹是
合一塊」「小弟是
蓋兒，蓋住箱子
妹是底兒，弟是
箱子分兩半兒，
「掀開箱子蓋兒，

良宵
恩恩愛愛共渡
事應小夫妻
名時人生幸
燭夜金榜題
了結「洞房花
叫討些甜心
索性大嚷大
清猜不透
話語輕輕聽不
語好在私房
新人的甜言蜜
呼吸偷聽一對
竊聽者屏着
動洞房外一舉
新娘的心也在跳
跳着小苗新郎
洞房內「長明燈」
納
小龍於滬
乙酉歲末

大事纪略

LOCAL RECORDS OF KANGDIAN

黄河日出 张耀宗 摄

1948 年 4 月 8 日，巩县人民民主政府在西黑石关成立，巩县第一区政府在西黑石关成立。

1948 年 4 月中旬，第一区政府迁焦湾，称焦湾区。东自神堤，西至柏坡，辖康店、南河渡区域，共 29 个村。

1953 年 4 月，焦湾区政府由焦湾村迁入康店村，改称康店区。

1956 年，撤区并乡。原焦湾区水峪以东划归南河渡乡；张窑划归偃师；偃师石家庄、康店、叶岭、黑石关为黑石关中心乡；井沟、赵沟、柏坡为赵沟中心乡，各设党委会。

1959 年 6 月，康店公社第一次党代会召开，参加代表 242 人。

1970 年 12 月，第二次党代会召开，参加代表共 119 名。

1976 年 1 月，动工修建 X010 康店桥。

1978 年 7 月，X010 康店桥通车，大桥全长 424 米。同日，35 千伏变电所通电运行。

1981 年 5 月，康店公社第五届人民代表大会召开。会议期间，选举出公社管理委员会委员 13 人。

1981年12月，康店公社第三次党代会召开。

1983年12月，康店公社改为康店乡。

1984年5月，康店乡第六届人民代表大会召开，参加代表178人。大会选举乡长、副乡长。

1987年4月，康店乡第七届人民代表大会召开，参加代表62人。大会选举乡长、副乡长。

1990年8月，巩县文化局在康店乡康北村西岭杜甫墓竖碑塑像，举行杜甫陵园奠基仪式。

1991年9月，巩义市“八五”规划林果业开发项目，康店乡苹果系列新品种应用通过验收，获得成功，成为全国6个苹果新品种示范基地之一。

1991年9月，首届“巩义市邙岭果会”召开。

1992年1月，巩义市教体局、文化局、民政局共同命名康百万庄园、杜甫陵园为巩义中小学德育基地。

黄河落日　邵保华　摄

说说我这一生

文 谢瑞阶

我是 1902 年，即清朝光绪二十八年出生于巩县焦湾村一个半耕半读的家庭，姓谢，乳名丙灼。入学时起了个学名叫宝树，依学名的意思又起个字叫瑞阶，现在人们都叫我瑞阶。

我为什么一直沿用瑞阶这个名字呢？在青年求学时，有一次自上海回来路过南京，见到有个坟园边上立一块界石，上写“宝树堂墓区”，遂知这家墓主一定是姓谢的。过去叫宝树的一般是姓谢的多，原来有篇古文中说：“谢家之宝树，孟氏之芳邻”，都是由这个典故而来的，为避免重名，以后就单用瑞阶这个名字。我的其他别名、笔名，除特殊情况外，一般都不大用。

我用过的笔名有：黄河老人、就简老人等，就简老人近几年用得比较多，就简即因陋就简之意。用黄河老人的笔名有两种原因：一是我们生长在黄河岸边，看文章，听故事，知道我们中华民族的黄河文化，我特别喜欢与黄河有关的传说、文字和诗歌，如大家都知道的“黄河之水天上来”，等等；二是解放后大家都通过艺术形式来反映祖国形势的时候，我就考虑，我既然喜欢黄河，就应当以黄河为题材，通过艺术形式来反映祖国的变化，就以黄河老人作了笔名。

我生在封建王朝的清代末期，虽然接触封建社会的时间不长，但那个社会给我的惨痛印象还是很深的。童年时期的影响，不但不容易忘记，而且无形中对于自己的思想、待人接物等都有影响。

在清代封建王朝时期，封建啊、私有制度啊，我还不懂，但是我是那个年代的人，在那个时代制度的约束下生活，感觉和印象是不会忘记的。回顾起来，要说的一个突出问题是我的性格。大约在 12 岁，我是寡言少语的儿童，与别的儿童不大一样，不多参与别的儿童的玩耍打闹，而对于自己不理解的问题，特别是痛苦的问题，喜欢思索，喜欢加问号。为什么会这样？有几件事情，是我思想形成的相当重要的因素。这就是我生长在这个家庭里边和有关亲属方面的情况。

我的父亲姊妹 5 人，只有父亲一人是男的，所以我有四个姑姑。我还有个奶奶，奶奶的娘家也很穷，我舅爷（奶奶的兄弟）原有个男孩，后又生了个女孩，养活不起要送给别人，据说是我爷听说了，那时我爷是乡村私塾的先生，或说是康百万的家庭教师。

爷很感可怜，就与我奶合计这事，说咱抱来养吧。奶就到了我舅爷家，我舅爷与妗奶正抱着孩子失声大哭，老姊妹见面也没有说多少话。奶说：“不要给人家了，让我抱走吧！”就把孩子抱回我家来了。当时已经有我大姑了，抱回来的这个小姑娘，不知比我大姑大一岁呢，还是大几个月，于是就把她也排成老大，这就是我有两个大姑母的原因。后来又添了一个姑母、我父亲，父亲后面还有两姑母，实际上我有 5 个姑母，男的只有我父亲一人。

我父亲怎么有点文化？并不是有条件读书，而是跟我爷学了一点。后来我爷去世了，我父亲 20 来岁就继承父业，在村里教书，边教边学，边学边教，自学成才。我就在这样的家庭里出生，所以我是出生在半耕半读的家庭。农闲上学、教学，农忙下地，因此，用农村的话讲，除了耩地和扬场这两样不会外，其余犁、耙、耕种我全会。这是我小时候的家庭情况。

我外婆家在南河渡乡的水峪村。我外婆早寡，我根本记不得我外爷。外婆家姓李，据说外婆有个男孩，也少亡了。当时还记得我有个大姨，中间有个舅（早死了），下边是我母亲，我母亲和大姨中间相差好多岁，所以我大姨出嫁早。外婆家中只有 3 个女的，没有男的，生活是很困难的。我大姨家中人口多，她已照顾不了我外婆。我外婆给我母亲找婆家时，不打算找弟兄多的人家，以便能照顾她，老来有个依靠。我父母的婚姻就有这么个原因。后来有了我们姊妹几个，算上我母亲、祖母共有 9 个女的，两家合在一起共 10 个女的、2 个男的。后来又添了我弟弟，又添了一个妹妹（不到 3 岁时夭亡），全家的负担是 3 个男的、11 个女的。我叙述这些是为了说明在旧社会重男轻女，女的没有继承权，没有社会地位，妇女多的人家日子更难过，我家的 5 个姑母出嫁，都要管她们自己，管不了娘家呀。一年中我记得最清楚的是我姑母来走娘家，一年回来 3 次。一次是五月节，一次是“八月十五”，一次是腊八（祖母的生日）。除此之外，我姑母们基本上都没来过。我外婆家呢？我母亲的事情就更多了，外婆得照料，需要来回跑，父亲得教学，我还得上学，后来我姐大了（现在还健在），在十六七岁前，基本上都是在我外婆家住，陪伴照顾我外婆。生活作难到什么程度呢？在我 12 岁左右，即使逢到节日（农忙、疾病时那困难更不用说了），在两个家庭中间，我几乎就没有见到过家人“笑”是什么样子，给我的印象就是哼咳掉泪。印象特别深的是每逢清明节或农历“十月一”上坟的日子里，外祖母、祖母、母亲以及家里其他人到了坟上，他们放声大哭。如此如此的情景。我多次跟着他们去上坟，他们悲哀的声音、悲哀的语言，其内容主要是家中没有男人如何作难！这就给予我极深的印象，终必然有受苦人，受苦人到了一定时候（活不成时），就会反抗拼命。这是历史的必然。

民主革命时期，对孙中山我是很敬重的，革命成功了，但不久又出了袁世凯。袁世凯是河南人，他在开封修了袁家花园，后在北京做了皇帝。我听到的和接触到的完全还是封建王朝的那一套，可以说袁世凯是借助了辛亥革命，同时也借助了封建军阀，窃取了胜利果实，他们舍不得把封建皇宫里的遗老遗少撵出来。当时我正在开封，就是冯玉祥下决心驱逐帝室出皇宫的。我认为冯玉祥这件事做得对，做得痛快。你看，说起来是民国啦，可他们在那里边（故宫）仍然享受着皇宫生活，每天还早晚朝拜，行封建礼节，这就是民主革命的不彻底。我尊重孙中山，但认为他这一点没做好。孙中山也感到了民主革命不彻底的问题，所以后来就联共。

黄埔创军校首期招生时，我因为侧重艺术而未去，同学去时我送他们，有赵沟村的赵敬统等，我们河南去了好几个，后来赵敬统与军阀打仗时阵亡于杭州。我反封建不是口头、不是书面，不是听别人说的，说这些就是我的亲身经历的封建非反不可，而且它也非倒不可。

民主革命以后，推翻了帝制，但未革命到根，根除不净的原因是长期形成在人们头脑中的私有思想。这些私有的思想，有时潜伏起来，但一有机会就又出来了。在反封建时候，这是种思想意识潜伏了起来，当时你看他是进步的，到了一旦革命成功，有机会的时候，那个东西往上一长，他就又执行起来了，这些都是我以前认识不清的。我理解到民主革命不彻底的时候，它有有利的一方面，是它推翻了封建王朝；但它不能广泛地对群众进行教育，这些孙中山自己也有感觉。我虽然不很懂，但也知道一些。在上海时，他们去黄埔后，我们就开始接触到十月革命之类的革命资料。我认为我这个人不是党不党的问题，我是从实际感受形成我的思想，因为我是这个时代的受害者、经历者、深刻的体会者，不是空谈。从这些经历启发我的认识，所以在河南来说，在学校里教唱《船夫曲》的我是第一个，当时没人敢教。为什么我喜欢这首歌？也有童年的因素。因为我是河、洛边长大的孩子，从小就听惯那拉纤夫的号子：“咳唷、咳唷……”，所以一接触这个歌曲，我就感到亲切，就敢于教。教个歌嘛，你咋着我？我兄弟当时在开封开一个一间门面的小书店，进步书籍，如郭沫若的作品等老书店不敢卖，我们都弄来卖，我们向往这个东西。

所以对社会主义革命理论，我接受觉得比较容易，比较顺，很能说服我。《资本论》刚出版时并未禁止，在图书馆可以借读，半懂不懂吧，觉得共产主义比三民主义要好得多。因为三民主义总还是私有。我为什么要说这呢？在这种思想下我向往社会主义、尊重社会主义、希望社会主义，对我以后学习、教学，以及解放以后我的工作都有很大影响。

青年时代，我认识问题比较天真，书本知识毕竟与现实有距离。原来我认为只要有这个理论，就有这个现实，这个现实必然实现，这个心太强了，占得太多。另一面来说，为什么推翻了封建王朝之后，民主革命又不能畅通，就是因为它不仅是制度上，而且还有思想上的封建意识在作祟。表面上把封建制度推翻了，建立了民主革命制度，但去执行制度的人思想深处还是封建的，占得相当重，所以当他有了新的权势以后，头脑里的封建思想就重新出来了。我对这个估计不足，想得很天真。对于社会主义的理解，我也天真得很，觉得在过去理论上讲封建的致命伤最根本的就是大地主，皇帝就是大地主，民主革命只能给封建王朝制度推翻一部分，最根本的私有制没有彻底改革，所以它还有复辟的可能和现实。到彻底把这私有制推翻了，土改了，那很快就到社会主义，很快就会共产主义，甚至就是三年五年、十年八年的事，我觉得这都是我幼稚的地方。

总结起来在我思想上总的认识是：人类社会的发展，向往是直线的，到达却是曲折的。很简单，比如现在我们一想北京，这是直的，一想就到，可是你要去北京，你不管坐汽车、火车，甚至于坐飞机，也不是直线的。所以在这方向对，向往对，而到达的过程要是很曲折的话，你怎样对待？这就要锻炼我们的耐压力。这是一个形式。另一个形式是“升沉”，升起来潜下去。潜下去就是锻炼我们的“潜水能力”。所谓潜水能力就是我们大家都不知道，不知道不等于我们自己不前进。所以我的收获就是觉着在前进的过程中，遭到困难和失败，悲观是没用处的，在工作中有点成绩，骄傲也没有必要，问题是我们怎样对待这个现实。所以说我过去的天真是直线的，现在的认识则是曲折的、升沉的，这是我在社会发展过程中的一点体会和认识。

补充一点，刚才提到灰心呀、消极呀、骄傲呀之类的情绪，也常常就在一念中，这一念有时也会影响你一生或者影响某一件事情的好或坏。我以前也把这忘了，后来和学生们谈话，想起来有一非常微妙的因素，构成自己一生的经历，是什么呢？从我左眼说起，我的左眼坏了，不是今天，是在1919年五四运动时，那时不知是眼病。当时在黑石关蚕桑学堂上学，蚕桑学堂是慈禧太后路过时休息的地方，即行宫，这个地方没人敢住，就办了蚕桑学堂。我父亲赞成实业救国，叫我去上蚕桑学堂。入学时教我们语文的老师是回郭镇干沟寨的张南陔先生（张仲鲁之父），是个老举人，对我们很好。入学时出的作文题目叫“业精于勤”。我破题写的是“勤之一字足以抵天下之万难”。我老师为此还夸我。青年嘛，老师夸奖，自己也很高兴。可是我在焦湾的时候，在和父亲办的国民小学堂里，读书是两样，一个是国文修身，一个是四书五经，就叫读经课。我到那新学堂很高兴。后来，可到1961年，来了一股下马风，有人提出要停办艺术学院。那时管这学院的是省教育厅、文化厅。我就去找他们。他们说："开国前后需要宣传，才要这方面的人才，今天不需要了，所需要的仅仅是教师，用不着艺术学院。"真是出人意料。我说："我们河南的人口抵一个法国，版图也不比法国小多少，人家几所艺院？而我们河南只有这一所艺校，拼上命奋斗十几年建的艺术学院，毁于一旦，实在可惜。"结果还是没顶住那股下马风，郑州艺术学院并入开封师范学院（即今河南大学）。我被调到河南省文联工作，开始转入专业艺术创作。前几天，有家大报记者来访我时还问我："你这一生最如意的事是什么？最不愉快的事是什么？"我随口就回答了他："最如意的是选择了教师这个职业，最不愉快的事就是停办艺术学院。"

新中国成立后，我满怀激情用绘画来歌颂党所领导的土地改革和翻身农民的喜悦。从1955年开始，我的美术创作主要转入黄河题材上来。下边就说说我画黄河的实践情况。

在黄河的外貌上，看来很少可供游人玩赏的青山绿水，只是在沙滩、峡谷、黄土和平原大地上蜿蜒数千里的一条巨大泥流。然而，一旦认识了它那大度有容、自强不息的高尚品格，将会肃然起敬地和它结为忘形之友，以满腔热情去歌颂它，使之扬名于世界，更大地造福于人类。黄河对中华民族的生息、成长、发展，都有深远重大的意义，所以历代对它的治理都付出过无比的努力。夏禹的父亲，因治水不成而被杀，但禹仍然不畏艰险而继起父业与洪水作斗争，乃至三过其门而不入，成为千古流传的格言佳话，如是种种，都给我以怎样作人的启示和激励，也可能就是后来我画黄河的潜在因素。

黄河，是中华民族的摇篮。黄河流域，山河壮丽，资源丰富，在相当长的历史时期内曾是我国政治经济和文化的中心。但是，由于历代统治者的腐败，黄河得不到治理，中上游水土严重流失，下游洪水不时泛滥，给我国人民带来了深重的灾难，成为举世闻名的害河。解放前，它的名字，可以说是中华民族灾难的象征。我生长在黄河下游的河南省，从小耳闻目睹，对黄河的灾害有深切的体会，因此，我与广大群众一样迫切要求治理黄河。

1952年10月30日，毛主席视察了黄河并发出了"要把黄河的事情办好"的伟大号召。1955年国务院又制定了综合治理黄河的规划。这个宏大的规划表达了亿万人民的心愿，体现了党对人民群众的关怀，十分鼓舞人心。30多年来，黄河流域人民和广大治黄职工，积极响应毛主席的伟大号召，以"愚公移山"的精神，转战大河上下，在根治黄河水害、开发黄河水利资源方面，取得了巨大的成就。在下游，千里大堤培高加固，经受住几次特大洪水的考验，新中国成立以来，从没有发生决堤；在中上游植树造林，减少水土流失，在全河的干、支流上建成了上千座大、中、小型水电、水利工程，有力地支援了国家建设。看到这种史无前例的丰功伟绩，我抑制不住内心的激动，想用画笔画出这黄河的新面貌。

在有关方面的支持下，特别是在黄河水利委员会的直接帮助下，我从 1955 年开始，先后多次沿黄河实地体验生活。三门峡水电站是我待的时间最长的地方，这个工程的几个主要阶段我都看到了。在这个工地上，我受到了很大的教育。我第一次到工地时，看到那里放着很多装物资的大木箱子，上面标着“北京发”“上海发”“哈尔滨发”“海南岛发”“重庆发”等字样，这使我心里很激动，一个地方搞建设，全国都来支援。我是从旧社会过来的人，在旧社会从没见过这种场面。生活在治黄的工人、农民、工程技术人员和干部中间是很愉快的。他们胸怀宽广，朝气蓬勃，和他们一接触就会觉得有一股子热劲。有一次我要求和工人同志一起坐吊斗车从横跨河身的铁索上滑到对岸去，这是有几分危险的事，他们看我年纪大，就劝我不要上，后来在我一再要求下他们才同意了。当斗车滑到河当中的时候，不敢往下看，脚下的黄水咆哮如雷，翻滚奔腾，一个个漩涡像水井一样，深不见底，心里不由得害怕起来，嘴上不好说，只好闭上眼睛不看，可是同去的工人同志却神态消闲，好像坐上等火车一样，看看他们，我的胆子也就大了起来。有一次吊斗车在河当中出了故障，不走了，有几个工人冒着生命危险，硬是从铁索上爬过去排除了故障。这类事情在那里多得很。由于受到他们这种大无畏的革命精神的感染，我暗下决心，一定要把黄河画好，为根治黄河作出一份贡献。

我初到工地时，没有一点治黄的知识，对很多名词、术语生疏得很，许多道理搞不清楚，和人家说起话来也有困难，当然画起来就更不得要领。但那里的同志对我非常热情，随时随地给我讲解，给我看各种资料，时间长了，和他们混熟了，彼此渐渐有了共同语言。他们不把我当外人看，对我的画常常直爽地提出意见。我也不自主地把自己当作一个治黄的职工，感到治黄的一切都与我有关系。20 多年来，我虽然不是一直生活在黄河上，但心里却从来没有离开过它。

在那几年的实地生活中，我初步熟悉了黄河的面貌及其特征，给以后的创作打下了基础。黄河流域的山水与别处的不同，与传统的山水画中的山水相差得更远，它有自己的特点，不掌握这些特点，那是根本画不好的，而这些特点是单凭主观想象或只在屋子里看图片所不能掌握的。就说水吧，黄河的水含泥沙量是世界第一位。一般情况下，在下游的含沙量有千分之三十七，比一般的河水多几十倍。再者，黄河的河床变化也大，有的地方狭窄陡峭，有的地方宽广平坦，在下游还是一个水面高出堤外地面十几米的“悬河”，这就造成黄河水独特的流动规律。它的波浪乍看起来就好像是泥塑成的，运动感却很强，很不容易画，弄不好，不是画成一般的河水，就是画成泥块块。我在三门峡时，就成天在那里看黄河水，过了好长时间我才初步掌握了画黄河水的规律。再画山，黄河流域的山主要在中上游，它基本上是黄土山，它的山峰不像桂林的喀斯特地貌那样异峰突起，山清水秀；也不像华山泰山那样悬崖峭壁，险峻异常。由于长久的水土流失，在黄土山上形成了变化多端的千沟万壑，它的林木较少，有些荒凉，但有的地方却草木茂密，一派生机，这些特点，不亲自观察是根本画不好的。

在了解了黄河的特点以后，随之而来的问题是，我感到了自己的技术和表现力的不足。我在青年时代是画西洋画的，后来才逐渐改画中国画。在三门峡生活时，我的画还是油画，水彩和国画兼而有之，后来我感到用国画表现这一题材更有民族气魄，效果也更好一些，但是实践证明单用国画的传统技巧还是不能充分表现黄河的特色。我尝试着把西洋画的透视和明暗处理等技术运用到国画中来，把国画的笔墨和西洋画的笔触糅合起来，而又保持其国画的特色。从群众的反映来看，这种洋为中用，中西结合的办法是行得通的。

在创作了一些片断反映黄河的作品以后，我进一步想比较全面地反映黄河面貌。1963年，我又沿着黄河跑了甘肃、宁夏、内蒙古、山西、陕西、河南、山东七个省、自治区直到山东垦利县黄河入海处，行程二万多里，对黄河的全貌和重点的水利建设作了比较系统的了解，积累了大量的素材，准备创作几套组画，但这个计划因“文化大革命”被迫中断了。

1969年，我以近70岁的高龄被下放到西华县劳动，那里是1938年蒋介石扒开花园口造成的黄泛区，我有机会接触许多遭受黄水灾害的农民群众，他们悲惨的遭遇更增强了我要反映新黄河的决心。

1972年，是毛主席的《在延安文艺座谈会上的讲话》发表30周年，又是毛主席视察黄河的20周年，回顾自己走过的道路，心里很不平静，于是我又拿起被迫搁下多年的画笔，画了一幅盐锅峡水电站。盐锅峡水电站位于黄河上游的兰州附近，它是黄河上第一个完全依靠我国自己的力量建起的大型水电站。它的拦河大坝全长321米，高达55米，它是高位溢洪，滔滔的黄河水从溢洪坝上飞溅而下，成为奇异的人工瀑布，气势雄伟，令人神往，在构图上我把大坝和瀑布作主体，上边是平静如镜的水库，下边是奔腾的黄河水，题为《高峡出平湖》。这幅画后来应黄河水利委员会的要求，在他们举办的纪念毛主席视察黄河20周年展览会上与群众见了面。据参加过盐锅峡水电站建设的同志们说：“画得很像，就是比真的好看一些。”听了这种反映，我一方面觉得受到了鼓舞，一方面又觉得不应该把自己的创作局限在具体的某一个工程的如实反映上，应该概括进去更多的内容。

适逢郑州火车站布置外宾接待室，他们希望我按《高峡出平湖》再给他们画一张。我想这幅画主要是给外宾看的，应当让外国朋友从画上对黄河新貌有个概括的了解，以增进世界人民和我国人民的友谊。他们要求的画幅比我原来的长得多，我打算把河水延长一些，可是这段河水画成什么样呢？我考虑到，黄河下游有河堤保护的“悬河”是最有黄河特色的，但黄河的水电站多在中上游，把“悬河”接在水电站下显然是不真实的。如果用上游的狭窄的河道，那又不能突出黄河的特色。后来我想到在山西、陕西交界线南段的龙门，黄河流到那里，在山谷里转了几个弯，河床突然变宽，不仅气势雄伟，而且给人以豁然开朗、前程无限的感觉，于是我在画水电站下边的河水时，基本上采用了龙门的水势。在河岸的处理上也有一段思考的过程，我想，如果完全采用龙门附近的山景，那虽然真实，但那山太荒凉，反映不出治理黄河的成效，也就不是新黄河了。黄河的危害主要是泥沙多，中游黄土高原的水土流失是黄河含泥沙量大的主要原因，正如民谣中所说：“千沟万壑输泥沙，滚滚浊流出山峡，上边冲刷下边淤，水旱灾害祸万家。”因此，制止水土流失是根治黄河的基础。毛主席早就有“必须注意水土保持工作”的指示，中上游人民遵循这一指示坚持不懈，长期治理，已经取得不小的成绩，有些地方已经基本上做到“水不下塬，土不下坡，泥不出沟”。应当把这种新景象画上去。治山治水的项目很多，例如在近山缓坡修水平梯田；在远山陡坡植树种草；在沟壑筑坝淤地；在山川河滩引洪漫地造田等，这些在画上不能一一罗列，我只用梯田，水田、林木来概括它。梯田的样式是参照陕西吴堡县的梯田画的，这个县是治山治水的先进县，在主要内容确定后，我又在远景上画了一点工厂，近景上添了几个勘探人员，以示社会主义建设在不断发展。画成以后，我把这幅画题名为《黄河在前进》，用意是以奔腾的黄河来象征中华民族在勇往直前。

粉碎“四人帮”以后，我的心情舒畅多了，现在全国工作的着重点已经转到社会主义现代化的建设上来，举国上下，都在为实现四个现代化而努力奋斗，我虽然是80岁的人了，可是我还要为实现四个现代化贡献一份力量，我打算把原来创作《黄河组画》的计划付诸实践，争取完成它。

1978年秋天，我再次在黄河水利委员会的协助下，到黄河龙门、壶口一带跑了一段时间，有不少新的收获，更增强了我的信心。

后来，以黄河壶口瀑布、龙门雄姿、中流砥柱和中原大地为题材，试作一幅国画，象征中华民族的坚强性格和伟大的社会主义祖国欣欣向荣、自强不息的革命精神，题为《大河上下，浩浩长春》。

《大河上下，浩浩长春》图，原作宽 6.8 米，高 3.2 米，就陈列在北京人民大会堂的南接待厅。

（选编自《巩义市文史资料》（第十一辑）

中国人民政治协商会议巩义市委员会文史资料研究委员会编，1992 年 9 月 30 日）

我的历史回顾——青年时代

王国权

我是辛亥革命那年年底出生的。这一年伟大的革命先行者孙中山先生领导的辛亥革命推翻了清王朝，结束了我国两千多年的封建帝制，宣布成立了中华民国。但中国人民仍处在帝国主义、封建主义的反动统治之下，中国社会的半殖民地、半封建性质并没有改变；中华民族，中国人民争取民族独立，翻身解放的斗争并没有停止。回顾历史，我生活的时代，正是中国历史发生根本变革的时代，也是中国共产党领导全国人民夺取新民主主义革命和社会主义革命伟大胜利的时代。

而今回首往事，一半是苦涩，一半是甜蜜。说有苦涩是因为中华民族有着饱受奴役压迫的苦难岁月；说甜蜜是因为中国共产党领导的革命胜利了，人民胜利了。抚今追昔，又衷心地寄厚望于下一代，寄厚望于新中国的未来。

我本姓康，名午生，字厚庵（是黎明中学时代国文教员送的），是河南巩县康店村人，故乡地处河南中西部，在古都洛阳东约百华里。记得在我小时候，村上有上千户人家，大部分姓康。我的家住在邙山岭的东坡上，岭前不远处有座巩王庙，据说是因周巩王曾建都于此，后人为纪念他修建的，巩县也可能是由此而得名。巩县历史名胜很多，如巩县石窟寺、宋陵、包公墓、汉冶铁遗址等，唐朝大诗人杜甫也出生在巩县南瑶湾村。我家的后岭上有三个大墓冢，是杜甫父子的墓。记得我年轻时村头上曾立有一块石碑上书“杜甫故里”四个大字（这块石碑现已掩埋在地下）。因此，我从小时候就知道家乡出了个大诗人杜甫，并常为此而自豪。

我家村前半里地就是有名的洛河，现在河水小多了。我幼年、青年时代河水都是很大的，那时几乎隔一两年就闹一次水灾，河水泛滥，平时河里可行船，上游直达洛阳，下游直接流进黄河。那时可用船经黄河到陕甘两省做买卖。民国初年刘镇华在陕西作督军，势力颇大，刘镇华老家是巩县神堤村，因此当时巩县在陕甘一带做事、做买卖的相当多，遭灾年老百姓逃荒也是往西北走的多。

巩县当时是中原地带还算比较富的县，读书的人较多，老百姓的文化生活相对丰富一些，村上有几所小学和私塾。村里有地方戏班子，有两个旦角名叫小更和马六（均男性），在当地颇有名气，他们演的戏大家都愿意看，那时演的戏有豫剧，还有曲子和越调。逢年过节就在祠堂前的戏台上演起戏来，还有踩高跷、说书的，过春节时这种活动一般要进行到正月十五。农民们一年四季背朝天，辛辛苦苦在农田里劳动，只有农闲时才能松快几天，不少人尽管仍吃不饱穿不暖，在这时候还要尽情地热闹一番。平时，村里虽不唱戏，但过一个时期就请来说书艺人，在村里说上几个晚上。吃过晚饭村里男女老幼便相约前去听说书，旧社会的文艺虽少不了封建糟粕，却总是起着活跃人们文化生活的作用。同时，它也向人们传播着中国的悠久历史、民间传说和传统文化。其中有些还是宣传民主进步的东西，特别是在反动派文化统治不太严的农村更是如此。

在我小时候，家里的经济状况还不错，相当于富农（后破产，土改时划为贫农）。记得当时家里人很多，除了我和父母姐姐外，爷爷、奶奶、叔叔、婶母和几个姑姑都住在一起。受封建家教的影响，在家里最受欺负的就是我母亲，一天到晚干不完的活，还要经常挨奶奶和父亲的打骂，因而很早就过世了。母亲死后，父亲又娶了一个继母，那时，我已到开封上中学，很少回家，因此，同她接触较少。继母后来生了三个弟弟，叫德轩、德本、德超和一个妹妹叫惠轩。弟弟在我任热河省委书记时都在我身边读书长大，现在三个弟弟分别在邯郸、张家口和黑龙江工作，妹妹一直和继母住在老家，继母现在已去世。

在我的家族中，祖父康方高是个练武功的人，曾考清武举未中。当时，家中楼上除放些书外，还放有不少刀弓箭一类的武器，院子中央放着一块方石，叫志石。是爷爷练武用的。大爷康方正曾考中武举，在清朝乾隆统治时期做过御前侍卫，前后娶了三个老婆，年老还乡、在旧中国算个乡绅，较有名气，乡里还送过他一个匾“端方正直”，挂在家门口。二爷当过县陪审官，也教过我认方块字，这里要提一下的是我家六爷，他是个地主兼高利贷剥削者，还开了一个大烟馆，他对老百姓放债，进行残酷的剥削，他前后娶了三个

西跑，因为胡景翼是陕西人，他的兵也多是陕西人，纪律很坏，群众对他的部队反感很大。看到他败了，村里群众组织红枪会以自卫，见到他的兵能杀的就杀死，或用石头打死，人多打不了，就放他们走了。总之在我的家乡，群众打死不少胡景翼的兵，这是我亲眼看到的。

直奉战争时，张作霖的军队打到我的家乡，学上不成了，只好待在家里，还要随时准备往外逃跑。乡亲们为了防备军阀抓兵和奸淫妇女，在荒野地里挖了地窖。这些地窖不是为了储备东西，而是为了藏人，倘有风吹草动，便先把年轻妇女藏在地窖里，男人和老太太守在家里，给妇女们送饭。为了自卫，乡亲们还自发地组织起红枪会，修寨子，请师傅，组织青少年和壮年男子练习武功，说练好了可以刀枪不入，名叫硬肚（可能是气功）。我父亲也曾让我去练武功，但因为练武功先得烧香敬神，而我不愿意烧香敬神便没有参加成。我们村的师傅是从东山上请来的，颇有一些武艺，他曾指挥我们村的“红枪会”攻打过巩县县城。那时我在县城高小读书，学校隔壁就是县衙门，有时还可悄悄进去听县长问官司，后来老城遭水淹，地方小，高小搬到鳌岭。曾亲眼看到红枪会头领坐在山头上指挥，村里参加“红枪会”的人手持红缨枪和大刀攻城，最后终于把县城攻下来，还抓住了县长邵鸿基。邵鸿基是吴佩孚委任的县长，经过双方交涉又把邵放了。邵鸿基这位县长，是我见过的旧社会县官中比较进步的一个，其他县官下乡每次都是八抬大轿敲锣打鼓、举旗拿棍棒刀枪，前呼后拥，就像旧戏上出现的模样，人民根本看不到县官老爷的，邵鸿基很少这一套，邵鸿基后来做了国民党的监察院委员。自从抓了邵鸿基，我们村的“红枪会”出了名，一般没人敢惹。它在保护村寨安全方面也起了一些作用。

在我上初中时，家境还相当于富农的程度，家里有长工、短工数人，还有两个骡子、一匹马、一架马车。父亲康永庆因想发财致富，决定在东山开采煤矿，但在那弱肉强食的社会里，发财又谈何容易？

当时有个姓张的大地主霸占着东山上的许多煤矿，一般的人是难以与之相争的。父亲经营煤矿结果是赔了钱，还学会了抽大烟，只好卖地还债，家庭因之破产。家穷了，父亲改变了让我上中学的打算，想让我去孝义兵工厂当学徒。孝义兵工厂当时是全国三大兵工厂之一（其他两个为汉阳兵工厂和沈阳兵工厂）。掌握在北洋军阀手里，进去当学徒工也是一件不容易的事。父亲又是请客，又是送礼，才求得厂方同意，说好每月工资八块大洋，不管食宿。那时我想求学，不愿去当学徒，家族中的一些有文化的长辈也不同意我去。我的叔叔康永僚是个旧知识分子，读过多年私塾，后又毕业于县立师范，在县里也干过几天事。他常督促我学习，教我写字，买不起纸，就在沟边石板上用泥浆搅粘，再用麻刷做的毛笔练习写字。家族中的二叔（康永升，即学超的父亲），是北师大毕业的，曾担任过县教育局长。他们是坚信“万般皆下品，唯有读书高”的。还有其他一些亲友，都极力主张我继续念书，我因此才得以到了开封。15 岁考入了黎明中学。黎明中学是当时开封比较有名的私立中学，我在那里学习成绩还好，特别是语文课成绩较优，因之语文教师送给我一字：厚庵。后来，许多老战友，老朋友都用“厚庵”来称呼我。

刚到开封读书时，正是第一次国共合作，国民革命军北伐期间，记得蒋介石曾到开封，给学校的学生讲过一次话，开封市内所有中学以上的学生都参加了。那时蒋介石还未公开背叛革命，讲起话来满口的革命辞藻，大约讲了半小时。讲话时尽力摆出一副军人的姿态，但看了总使人感到不够自然。以后冯玉祥任河南省主席，也给学生讲过话，他是 1926 年 9 月五原誓师参加北伐的。他穿的是普通士兵的衣服，讲话也比较随便。据说他平时衣食住行都较俭朴，颇有新军人的样子，因而受到人们的较好评价。那时政治界普遍认为西北军比较进步，我后来在“九一八”前后曾产生投奔西北军的想法即与此有关。张作霖的军队也到过开封，他的军队是地道的旧军阀部队，乱七八糟的，进城后横坐竖倒，满街都是，其中还有不少白俄。后来，张作霖的部队西进到了我的家乡，但没过洛河。当时我正在家乡，在山顶上可以看到他们的活动，老百姓怕他们过河，女人都躲了起来，但他们在孝义镇停了几天就撤走了，大家才缓了口气。

（选编自《王国权回忆录》中国人民政治协商会议巩义市委员会文史委编，1993 年）

参考文献

[1] 王振江，孙宪周，贺宝石，等 . 史话巩义（上）. 郑州：中州古籍出版社，2007.

[2] 巩县志编纂委员会 . 巩县志 . 郑州：中州古籍出版社，1991.

[3] 巩义市地方史志编纂委员会 . 巩义市志 1986—2005. 郑州：中州古籍出版社，2012.

[4] 《巩县志》（乾隆十年）.

[5] 《巩县志》（乾隆五十四年）.

编纂始末

根据国务院《地方志工作条例》《全国地方志事业发展规划纲要(2015—2020年)》及中国地方志指导小组《关于启动〈中国名镇志丛书〉编纂工程的通知》(中指办字〔2014〕22号)有关部署，编写镇志传承文明、记录历史、弘扬文化、服务社会、促进经济发展等，盛世修志，志载盛世，此次编纂《康店镇志》是全面展示康店的大好机会。

《康店镇志》编纂于2019年9月展开工作。成立了康店镇编纂委员会，抽调专人进行编纂，目标是把《康店镇志》打造成康店镇的一张耀眼夺目的名片。

《康店镇志》全体编纂人员严格按照中国名镇志丛书规范、行文通则标准，拟定编纂提纲，打破一般志书编纂常规，重点在“名”“特”上下功夫，突出康店镇深厚的文化底蕴、美丽的河洛风光、先进的工业园区。镇志设计13个类目：概述、基本镇情、镇域经济、康百万庄园、杜甫陵园、文物胜迹、特色文化、风土民情、艺文、名人与名镇、印象康店、大事纪略、口述史，并附以序言、地图、参考文献和编纂始末。

康店镇党委、政府十分重视镇志的编纂，镇党委书记路少辉、镇长张炎杰多次对镇志提出要求，审核提纲，镇班子成员、各办公室主任集中审核镇志内容。《康店镇志》的编纂得到了各级史志部门和专家的支持。编纂过程中，全体编纂人员查阅资料，搜集古籍，寻访耆老、广采博访，认真编纂；康店镇政府各部门、各村、各单位提供资料，合力支持编纂工作；中国美术家协会会员徐小龙、巩义市文联、摄影家协会、康百万庄园等单位也提供了大量的图片，在此，谨向为在本志编纂工作中给予支持、帮助的社会各界人士表示诚挚谢意！